Jesus begegnen

Schwester Ruth Meili

Jesus begegnen

Berührungen mit dem lebendigen Wort

Mit Bildern von Thomas Schmid

Präsenz

Druck und Bindung:
freiburger graphische betriebe, D-79108 Freiburg

© 2012 Präsenz Verlag
Gnadenthal · 65597 Hünfelden
www.praesenz-verlag.de
ISBN 978-3-87630-223-2

Inhaltsverzeichnis

Vorwort	6
Was für eine Frau, diese Samariterin!	10
Wo immer in der ganzen Welt ...	22
Wie Brot in Jesu Händen	36
Bindet ihn los!	49
Und sie richtete sich auf	58
Weine nicht!	72
Mein Leben preist die Größe des Herrn	86

Vorwort

Immer wieder begegne ich in Gesprächen und Kursen Menschen mit einer großen Sehnsucht nach Heil und Heilung, nach Neu- und Anderswerden, nach Glauben und Beten können, nach mehr Leben und Lebendigkeit.

In all diesen Fragen, die auch in meinem Leben vorkommen, suche ich die Antwort im Evangelium, in der Begegnung und vor allem in der Berührung mit Jesus.

Er, der Lebendige, er, der alle Tode durchbrochen hat, wohnt seit der Taufe in mir mit seiner ganzen Wirklichkeit. Ich muss sie nicht mehr in mich hinein beten. Sie ist da, anwesend; sie lebt und wirkt in mir – wenn ich es zulasse, wenn ich ihm meinen Lebensraum öffne.

Meine Sehnsucht, meine Not, mein Gekrümmtes und Verschattetes darf ich in mir mit ihm in Berührung bringen. So suche ich zu meiner aktuellen Not die Berührungsgeschichte, die mich einlädt, mein Leben, mein Glück und mein Leid, mit Jesus in Berührung zu bringen. Und da geschieht Heilendes, Aufrichtendes – Verwandlung, Menschwerdung, immer wieder neu.

Das Evangelium, weit gefasst als lebendiges und gelebtes Wort Gottes, die Bibel, will in mir und durch mich Fleisch werden, greifbar, hörbar und anschaubar wie in einem Bilderbuch, ja, es will geschmeckt und verkostet werden. Das Evangelium, Gott selbst, mit allen Sinnen erfahren, denn unsere Sinnesorgane sind die Türen zu unserem Inneren, da wo wir ganz wir selbst sind; sie sind der Pfad zu Gott hin, zu seinem Wort und zu seiner Wirklichkeit in mir.

Und so lade ich Sie ein, sich an Hand der nun folgenden ausgewählten Berührungsgeschichten auf den Weg zu machen, um noch mehr von Ihrem Leben zu entdecken und Neues zu wagen, sich von Gott und seinem Wort, von Jesus und seinem Handeln, vom Heiligen Geist und seinem sanften und kraftvollen Wehen, berühren, verwandeln und formen zu lassen.

Sie haben ein Buch vor sich, das einlädt zum Verweilen, zur Stille, zum Beten und Gehen. Nicht hilfreich wird es sein, das Buch von A bis Z durchzulesen und es auf die Seite zu legen. Dazu ist es nicht gedacht. Vielmehr lockt es zum „Wiederkäuen" – allein oder gemeinsam, im Hauskreis oder in einer Gemeinschaft, zu zweit oder auf einem Exerzitienweg.

In den sieben Kapiteln kehren einzelne Elemente immer wieder: Vorbereitendes für die wahrnehmende Übung, die geistlichen Impulse in erzählender Theologie, Vorschläge zur persönlichen geistlichen Übung, ein Gebet zum Nachbeten und damit die Einladung, eigene Worte dazu zu finden oder Psalmen aktuell zu entdecken.

Die Texte haben mich einmal plötzlich berührt; ich habe sie mir in sorgfältiger Exegese angeeignet, sie in mich hinein gestellt. In einem langen Zeitraum habe ich sie in mir getragen, gewendet, abgeklopft, abgehorcht, geschmeckt, noch einmal in sie hinein geschaut, andere teilhaben lassen und nun aufgeschrieben. Es wurde fast eine Form geistlicher Theologie. Einiges zeigt die Spuren der exegetischen Bemühung, mehr noch aber die Spuren meiner geistlichen Schwangerschaft durch die Zeiten hindurch. Ich lege sie Ihnen vor und wünsche Ihnen damit Berührungen mit Jesus.

Es hilft, sich genügend Zeit zu nehmen, eine Ecke der Wohnung oder des Hauses zu suchen, wo Sie ungestört vor Gott sein können; dieser Ort kann persönlich gestaltet werden mit einer Kerze, einem Kreuz oder einer geistlichen Karte, mit Blumen …

Und vergessen Sie nicht: Wenn Sie beten, wenn Sie da sind und da bleiben vor Gott, dann geschieht nie nichts.

Welche Verheißung!

Mit unseren inneren Erfahrungen, die unser Herz aufschließen, werden wir uns der äußeren Welt um uns herum neu zuwenden, ganz anders hörend und achtsam, mit offenen Augen, mit wachen Sinnen, um Frieden zu wirken und Gerechtigkeit zu suchen, einladend und weisend leben.

Schwester Ruth Meili, Communität Casteller Ring/CCR

Schwanberg/Unterfranken

Was für eine Frau, diese Samariterin!
Johannes 4,5 – 42

Vorbereitung

- Suchen Sie sich einen Krug und stellen Sie ihn vor sich hin.
- Suchen Sie in Ihren Zeitschriften, Büchern oder Kartensammlungen nach lebendigen Wasserbildern.
- Wasser ist die Grundvoraussetzung für das Leben schlechthin. Ohne Wasser kann nichts Lebendes existieren: Pflanzen, Tiere, Menschen ... auf Wasser kann niemand verzichten. Wenn wir müde sind und uns nicht mehr konzentrieren können genügt Wasser, um die Lebensgeister wieder zu wecken. Schon das Geräusch und das Schauen von sprudelndem Wasser im Freien genügt, um mich zutiefst anzurühren und zu erfrischen. Und wenn Sie an einem ruhigen See sind – vielleicht mitten im Wald – dann spiegelt sich die Stille in Ihnen ab.
- Welche Erinnerungen an Wassererfahrungen tragen Sie in sich? Vergegenwärtigen Sie sie noch einmal; einige dürfen Sie innerlich nachkosten.
- Viele Begebenheiten in der Bibel, vor allem auch im Neuen Testament finden am Wasser statt. Auch das können wir uns vergegenwärtigen oder anhand der Konkordanz sammeln. Es ist auffallend: Wasser begleitet besonders den Lebensweg Jesu vom Anfang

seines Wirkens bis zur Auferstehung. Offenbar ist Wasser eine bedeutsame Wirklichkeit für sein und unser inneres Leben.
- Jesus sagt auch nie „Ich bin das lebendige Wasser". Er lädt auf eine andere Spur ein.
- Lesen Sie nun den Text aus dem Johannesevangelium einmal leise, ein zweites Mal laut für sich durch.
- Wenn Sie sich in einer Gruppe mit dem Text befassen, versuchen Sie, den Text zweimal in verteilten Rollen zu lesen (Jesus, Samariterin, Erzähler, Jünger, Dorfbewohner) und die Erfahrung nachwirken zu lassen.

Begriffe

- Samariter oder Samaritaner: Sie spielen in den Begegnungen mit Jesus eine wichtige Rolle.
- Sie sind ein Mischvolk, das sich aus den zurückgebliebenen Israeliten – nach der Zerstörung des Nordreiches Israel und der Umsiedlung der tragenden Bevölkerung aus der Hauptstadt Samarias (725–722 v. Chr.) – und den im alten Gebiet Israels angesiedelten babylonischen Kolonisten bildete. Später versuchten die Samariter, sich einer Gruppe glaubender Juden in Jerusalem anschließen zu können. Weil sie aber neben dem Glauben an Jahwe auch ihre eigenen Götter beibehielten, lehnten die strenggläubigen Volksführer einen Zusammenschluss ab.

Die Samariter waren in den Augen der Juden unrein, Ketzer und Menschen mit einem bösen Geist. Und die Juden wiederum waren in den Augen der Sama-

riter hochmütig und streitsüchtig. Beide Volksgruppen mieden einander.
- Was für eine Kühnheit Jesu, eine Vertreterin des samaritanischen Volkes in der Öffentlichkeit anzusprechen.
- Frauen: Weit mehr als wir es uns heute vorstellen können, verstanden sich die Menschen der biblischen Zeit, vor allem die Frauen, zuerst als Mitglied einer vorgegebenen Gemeinschaft mit der Einordnung in einen anerkannten Zusammenhang. Gerade bei Frauen schränkten Recht und Sitte den Handlungsspielraum freier Entfaltung zur eigenen Identität ein und unterstützten das Verdrängen eigener Sehnsucht nach Lebendigkeit und Weite. Ungewöhnlich für die damalige Zeit und für einen Rabbiner ist es, dass Jesus eine Frau um Wasser bittet, dass er Frauen täglich um sich hat als Jüngerinnen und immer wieder Begegnungen mit Frauen wagt.
- Sychar lag in der Nähe des früheren Sichem: Damals Ort des Landtages, Ort des Versprechens, Ort der Neugründung des Volkes Gottes im Treuegelöbnis zu Jahwe (Josua 24). Sichem wurde zerstört um 128 v. Chr. An dieser Stelle entstand eine neue Siedlung, Sychar, in Sichtweite des für die Samariter heiligen Berges Garizim.
- Sychar heißt „Verstopfung" – ein Gleichnisbild für die hier geschilderte Begegnung Jesu mit der Samariterin.
- Jakobsbrunnen: an der Straße von Galiläa nach Judäa gelegen, ganz in der Nähe von Sychar. Viele Bewohner der Gegend holten sich Wasser aus diesem Brunnen, weil sie ihm Heilkraft zuschrieben. Die vorbeizie-

henden Karawanen führten ihr Vieh an diese willkommene Tränke. Und die Feldarbeiter schickten immer wieder ihre Mägde zum Brunnen, um frisches Wasser für sie zu schöpfen.
- So war es wohl auch mit der Samariterin, die nicht nur um die sechste Stunde, für die Arbeiter Wasser holen, sondern die ganze Sippe mit dem kostbaren Nass versorgen musste, sonst wäre sie niemals in der heißesten Tageszeit zum Brunnen gekommen.
- Die sechste Stunde ist um die Mittagszeit (12 Uhr).

Geistliche Impulse

Wir begegnen einer Frau, die auf Augenhöhe mit Jesus spricht. Sie weiß viel über die Geschichte des jüdischen und auch ihres eigenen Volkes und vermag sehr wohl Jesu Gedanken argumentierend zu folgen.
Jesus geht ohne zu zögern auf diese Frau zu. Er hat Durst und kann sich ohne Schöpfgefäß selbst nichts aus diesem Brunnen schöpfen. Durch seine so menschliche Bitte bringt er der Frau Wertschätzung entgegen und damit auch Würde und Gleichstellung. Er zeigt ihr sein Bedürfnis und bittet sie, ihm Wasser zu schöpfen. Die Frau weist kurz auf die Ungewöhnlichkeit seines Ansinnens hin, folgt aber sowohl äußerlich wie innerlich ganz Jesu einladender Art.
Was für eine Frau – diese Samariterin, die so schlagfertig vor Jesus steht, nicht etwa naiv, sondern verständig, nicht unterwürfig, sondern aufgerichtet, fragend und suchend, vital. Wir erleben sie als eine offene Frau,

die sich von Jesu Worten, von seinem Angebot neuer Lebendigkeit berühren und wecken lässt. Und in dieser Neuwerdung macht sie sich auf den Weg in die Siedlung, um allen von dieser für sie Leben schaffenden Begegnung mit Jesus zu erzählen.

Kann das eine Dirne sein, eine Prostituierte? Kommen die Männer aus ihren Häusern, um eine solche Frau zu hören und zu befragen? Folgen Männer und Frauen einer solchen Frau an den Jakobsbrunnen, an den Ort neuen Lebens? Würden nicht viel mehr die einen im Haus verschwinden, weil sie „was hatten" mit der Frau; andere lächeln, weil das Zeugnis einer Prostituierten nichts gilt?

Diese Frau ist in meinen Augen alles andere als eine Dirne. Jesus bezichtigt sie mit keinem Wort des Ehebruchs. Er verurteilt ihre zahlreichen Männerverbindungen nicht.

Wir erleben sie als eine kraftvoll auftretende Frau, die mit ihrem Erzählen die Männer und Frauen in Sychar erreicht und zwar so glaubwürdig, dass sich diese in der Mittagshitze auf den Weg zum Brunnen machen. Wir begegnen ihr als einer der ersten Missionarinnen. Könnte es nicht vielmehr sein, dass diese Frau Witwe ist, weil sie ihren ersten Mann verloren hat? In der damaligen Zeit wird eine Witwe, wenn kein Sohn vorhanden ist, zur Versorgung an den nächsten männlichen Verwandten weitergereicht, nicht immer zu dessen Freude. Es ist damals die einzig mögliche Lebensform, die eine ökonomische Sicherheit verspricht. Dieser Mann hat alle Rechte, er hat diese Frau in seiner Hand, er ist ihr Besitzer. Sie ist seine Magd;

eine billige Arbeitskraft und oft auch demütigend mehr; sie muss für ihren eigenen Lebensunterhalt arbeiten und Wasser besorgen für eine ihr fremde Familie; sie muss Anerkennung suchen; sie muss um Wertschätzung bitten; sie muss behutsam ihre zerstörte Würde schützen; sie lebt in Abhängigkeit von ihm, der nicht ihr ursprünglicher Ehemann ist, und seinen weiteren Frauen. Ein Bild für diese Lebenssituation ist der Krug, Werkzeug ihrer Abhängigkeiten.

Diese Frau, Wasserträgerin für ihren Versorger und seine Familie, spricht Jesus an. Er ist ein Gott, der sie sieht, der sie sieht in ihrem Werden, Sein und Vergehen: den Verlust ihres Mannes, ihre Abhängigkeit jetzt, ihre Armut, ihre verstopfte innere Lebensquelle, ihre ersterbende Lebendigkeit, ihre gekrümmte Identität – alles. Und er offenbart sich als der, als der einzige, der in dieser Frau, in jedem von uns, eine Quelle lebendigen Wasser freilegen kann. Er ist der einzige, der diese Quelle in uns entstopfen kann. „Und du wirst sein wie ein bewässerter Garten und wie eine Wasserquelle, der es nie an Wasser fehlt" (Jesaja 58,11). Das ist die Verheißung, die über dieser Frau, über uns steht, ja eigentlich „brütet".

Dazu eine Erfahrung bei einem Aufenthalt in den Bergen im Frühsommer, vor dem Alpaufzug des Viehs. Mit dem Älpler gehe ich über die Wiesen, die immer noch gezeichnet sind von der drückenden Wirkung niedergegangener Schneemassen. Äste liegen herum, Steine aus höheren Regionen, Schlamm. Mit einem inneren Ohr geht der Hirte über die Alp, aufmerksam hinhörend, wo es unter all dem Schutt gluckst nach der verschütteten Quelle. Und tatsächlich, er langt mit weit ausholendem Griff in die Tiefe, zieht einen total verschlammten Dreckklumpen aus dem Loch und siehe da: Das von so vielem verschüttete Quellwasser sprudelt heiter und lebendig hervor und – nun frei gesetzt – kann es zu Tal fließen. Mit einer alten „Badewanne" wird dieses Wasser für das Vieh aufgefangen und dient als Tränke.

In der Begegnung mit Jesus, im Gespräch mit ihm, im Fragen und Suchen, im Hinschauen, im Nachtasten seiner Worte erkennt die Frau ihre Lebenssituation, ihre Armut, ihre Versklavung, ihren eigenen Durst und Hunger, ihre Sehnsucht nach eigenem Leben, befreit aus den Abhängigkeiten. Und sie fragt. Sie fragt immer mehr. Dabei spürt sie, dass sich hier eine ungeahnte neue Tür öffnet in eine neue Weite, geschenkt – nicht erzwungen. Jesus geht sorgsam auf ihr Suchen ein, deckt es auf und fängt die Schmerzen verdrängter Sehnsucht auf, nimmt sie auf sein Herz, salbt die teils alten Wunden. Alles Verstopfende nimmt er sorgsam berührend in seine Hände.

„Ich bin es!" das Leben, die Wahrheit, der Weg. Ich lade dich ein, mir zu vertrauen, dich mir zu öffnen, dein ganzes Leben – alles, so wie es ist. Und ich werde die verstopfte Quelle in dir wieder zum Fließen bringen, zum Sprudeln, frisch und lebendig bis hinein in die Ewigkeit. „Wer an mich glaubt, wer mir vertraut, von dessen Leib werden Ströme lebendigen Wassers fließen" (Johannes 7,38). Diese Frau erlebt Befreiung und damit „Entstopfung".

Sychar ist der Ort der Entstopfung einer ausgebeuteten

und lebensverstopften Frau in Abhängigkeiten, die sich nach Lebendigkeit sehnt, nach Freiheit und Enfaltung. Jesus nimmt diesen Pfropfen wahr, er hört ihn aus den Antworten heraus, er sieht ihn in ihrem Gesichtsausdruck, in ihren Augen, ihrem Herzen, er sieht diese Frau. Und er weckt als Freund des Lebens durch seine Entstopfung die Quelle lebendigen Wassers, neu, sprudelnd, befreiend, überströmend, wie der Älpler. Der Krug hat ausgedient. Er wird einfach stehen gelassen, er bleibt zurück.

„Er hat mir alles gesagt …!", wird sie später ihren Mitbewohnern von Sychar sagen. „… der zu mir über alles sprach, was ich getan habe."

Was für eine Verwandlung geschieht in und mit dieser Frau! Sie wird zu einer Missionarin, die das Evangelium – frisch erlebt – weitergibt, ansteckend, auf den Weg bringend, herz- und beinbewegend. Und die Leute aus Sychar machen sich auf den Weg zu Jesus. Auch ihnen schenkt Jesus sein Vertrauen, auch ihnen deckt er ihre Sehnsucht auf, auch in ihnen erweckt er die Quelle lebendigen Wassers. So dass sie sagen: Wir glauben, weil wir es selber erfahren haben! Und so entsteht eine Gemeinde in Sychar aus Gemeindegliedern, die aus neuer innerer Lebendigkeit heraus Gott loben, Gottesdienste feiern und ihren Weg gehen – mitten in Samarien. Es ist die erste Auslandsgemeinde, die hier entsteht.

Geistliche Übung

Ich nehme meinen Krug und berge ihn in meiner Hand. Mein Krug ist das Bild meiner Sehnsucht nach neuem Leben aus aller Lähmung heraus; das Bild meiner Suche nach neuer Lebendigkeit aus allem Festgefahrenen heraus; das Bild meines Erwachens aus aller Resignation heraus; Bild geschenkter Vergebung aus aller Leere heraus.

Was ist alles in meinem Krug? Ich schaue in ihn hinein bis in die Tiefen.

Ich frage mich: Was für Lebenswasser besorge ich mir in meiner Situation, um meine Dürre zu wässern?

Um mir Anerkennung und Wertschätzung zu holen?

Um mir und anderen „Quicklebendigkeit" vorzumachen?

Um meine Leere auszuhalten?

Um mich zu versorgen?

Um die Liebe zu finden, die meine Nöte lindern kann?

Wo bin ich versklavt oder abhängig?

Was hat sich in meinem Krug angesammelt als übel riechender Schlamm, ganz unten?

Ich halte in der Gebetszeit meinen Krug vor Jesus hin, lasse ihn hineinschauen, öffne ihm mein Leben und lasse mir von ihm alles sagen, was ich getan habe und was ich tue, um zu dem zu kommen, was ich so dringend brauche.

Ich stelle meinen Krug vor Jesus hin, unter sein Kreuz. Und ich formuliere ein Gebet der Hingabe meines

Suchens, lasse zu, dass er mich entstopft, halte die Schmerzen aus, die ich durch sein heilsames, ordnendes und aufdeckendes Handeln spüre. Ich lasse es zu, dass Jesus die Quelle des Lebens in mir freisetzt, damit das Wasser der Liebe, des Glaubens und der Hoffnung ganz neu sprudeln kann.

Gebet

Herr Jesus Christus, da bin ich vor dir
mit meinem Krug, meinem Schöpfgefäß,
mit dem ich mir immer wieder Lebenswasser besorge,
weil ich Durst habe,
weil ich ausgetrocknet bin,
weil ich verdorrt bin,
weil ich gelähmt und leblos bin,
weil ich versteinert und vertrocknet bin.
Du weißt, wie und wo ich suche,
du siehst, wo ich zu finden glaube,
wenn ich es allen recht machen will,
möglichst perfekt, damit sie mich gut finden,
wenn ich überall „ja" sage, damit ich gefragt werde,
wenn ich süchtig arbeite,
wenn ich mehr einkaufe und esse als nötig,
wenn ich alles ansammle: Gedanken, Wissen,
Hab und Gut,
wenn ich mich in Krankmachendes flüchte,
Süßigkeiten, Medikamente, Alkohol ...
wenn ich alles überspiele und auf lustig mache,
wenn ich unruhig herumreise,

weil ich mich nicht mehr aushalte,
wenn ...

Du kennst mich, Jesus,
du weißt um mich,
und ich darf – so wie ich bin – vor dir stehen.
Du verurteilst mich nicht.
Du birgst mich in deinem Blick,
du deckst behutsam auf, du sagst mir alles,
du belichtest meine Tiefen,
du räumst weg, sorgsam und achtsam,
du vergibst und befreist
 – immer fragend: Darf ich? Darf ich noch mehr?
Und es wird licht, schöpferisch neu, lebendig
 – immer mehr.
Ich danke dir, Jesus.
Ich kann den Krug stehen lassen,
weil ich nur dich habe, dich in mir,
du Quelle lebendigen Lebens – ganz neu.

Lieder

- Ich bin zum Brunnen gegangen ...
  Du mit uns, S. 497
- Alle meine Quellen entspringen in dir ...
  Du bist Herr, Band 2, S. 7
- Leben aus der Quelle, Leben nur aus dir ...
  Du bist Herr, Band 4, S. 161

Wo immer in der ganzen Welt ...

Markus 14,3 – 9 und Matthäus 26,6 – 13; Lukas 7,36 – 50; Johannes 12,1 – 11

Vorbereitung

- Besorgen Sie sich wohlriechendes Öl, z.B. aus einem Israel-Laden (Lily of the Valleys), oder Sie bereiten sich selber ein wunderbares Öl zu aus Olivenöl mit Rosenessenz gemischt.
- Legen Sie Wattepads und einen kleinen Teller bereit.
- Suchen Sie in ihrer Kartensammlung eine Kreuzesdarstellung aus.
- Legen Sie Papier und Schreibzeug zurecht.
- Und stellen Sie eine kleine Schale vor sich hin.

Begriffe

- Betanien: Der Ort lag am östlichen Ölberg, an der Straße von Jerusalem nach Jericho. Im Dorf befanden sich die Häuser von Maria, Marta und Lazarus sowie von Simon dem Aussätzigen. Betanien gehörte zum Stammesgebiet Benjamin.
- Olivenöl: Es gibt viele Salbungsgeschichten in der Bibel, sowohl im alten wie auch im neuen Testament. Dabei wird meistens Öl verwendet, gewonnen aus

der Olive, der Frucht des Ölbaums. Dieser Baum ist charakteristisch für ganz Palästina. Die Oliven reifen gegen Ende September, so dass ihre Ernte um die Zeit des Laubhüttenfestes anzusetzen ist. So wurde dieses Fest, als altes Erntefest, auch ein Fest der Olivenernte. Die gepflückten oder vom Baum geschüttelten Oliven wurden in einer Kelter, der Ölmühle, möglichst kühl zerquetscht und in einen Korb geschüttet, der als Sieb wirkte. Aus ihm troff Öl bester Qualität heraus. Der gepresste Rückstand galt dann als Öl zweiter Qualität. Die Öle wurden in Krügen aufbewahrt.

Die Frucht ist wichtig als Nahrung und wird zum Backen und Braten, für Kuchen und Fisch verwendet. Auch zum Reiseproviant gehörte Öl als Brotaufstrich. Deshalb hatte der barmherzige Samariter Öl bei sich.

Schon früh wurde das Öl für die Körperpflege verwendet. Zur Zeit Jesu war dies so selbstverständlich, dass die Schriftgelehrten diese Körperpflege auch am Sabbat erlaubten.

Bei der Wundbehandlung benutzte man Öl, um das wunde Fleisch geschmeidig zu halten.

Bei den Kanaanitern war der Ölbaum ein heiliger Baum. Öl diente zur Priester- und Königssalbung.

Die Israeliten übernahmen den Ritus, Priester und Könige mit Öl zu salben.

- Salbung: Zu allen Zeiten hatte die Salbung mit Öl einen symbolischen Wert. So wurden die Orte, an denen ganz besonders die Nähe Gottes erlebt wurde, gesalbt. Gesalbt wurde die Wohnstätte Gottes, der

Ort der Anbetung und der Gegenwart Gottes. Es ist das Zeichen für die neue Welt, für ein neues Leben, für etwas ganz Neues, Anderes. So zeigt die Taube mit einem Ölblatt im Schnabel an, dass die Sintflut zu Ende, ein Neues im Werden ist, das unter dem Segen Gottes steht. Wenn Jesus der Messias ist, der Gesalbte, dann werden alle diese Zeichen in ihm deutlich: Die Gegenwart Gottes in ihm, der Anbruch eines neuen Himmels und einer neuen Erde beginnt durch ihn, in ihm kommt rettendes Land auf uns zu, in dem Friede und Gerechtigkeit sich küssen. Er, der Gesalbte, heilt Wunden; er, das Öl des Heils selbst, berührt unsere Verletzungen; er, der Gesalbte und Salbende pflegt unseren Leib und unsere Seele; er, der am Kreuz durch die Ölmühle gepresst, wird zur Kraft, zum Heil und zur Freude für alle wird.

- Alabaster ist ein feinkörniger Gipsstein, weiß, manchmal etwas ins Rötliche schimmernd, der dünngeschliffen zu Fenster„glas" und Flaschen, zu durchschimmernden Gefäßen und kunstvollem Schmuck verarbeitet wird, meist auch mit eingelegten Edelsteinen verziert. Seit Jahrhunderten wurden solche Gefäße für wohlriechende Öle und fließende Salben verwendet; sie waren zudem fest verschlossen, damit der kostbare Inhalt mit seinem Wohlgeruch nicht ausfließen und verduften konnte.
- „Nardenöl" ist ein Öl, das aus der Wurzel und den unteren Stängeln des indischen Nardengrases gewonnen wird, das fast nur im Himalaja wächst. Dies erklärt die hohen Preise für solche kaum erschwinglichen Öle.

Ein Pfund wertvollen Öls gießt diese Frau über Jesus aus, verschwenderisch, jedes Maß sprengend, nicht fragend, ob es sich lohnt, nicht berechnend, nicht fragend, ob auch weniger, ein paar Tropfen nur, genügen würde. Mit dieser Ölmenge hätte man eine ganze Legion von Königen salben können.

Geistliche Impulse

Wenn wir die Salbungsgeschichten im neuen Testament miteinander vergleichen, dann fallen uns verschiedene Abweichungen auf: die Menschen, die Orte, die Einladenden usw. Aber allen Evangelisten ist es wichtig, diese so denkwürdige Salbung Jesu kurz vor Beginn seiner Leidenszeit in Jerusalem durch eine nicht weiter benannte Frau zu erzählen, aufzuschreiben, weiterzusagen.
Ich versuche im Folgenden die Textstellen zusammenzufassen:

Jesus ist mit seinen Jüngern und auch mit den Frauen, die ihn mit ihren Gaben und Begabungen unterstützen zu Besuch in Betanien. War es das Haus des ehemals aussätzigen Simon oder war es anlässlich der Einladung Jesu beim Pharisäer Simon oder in dem ihm so vertrauten Haus von Maria, Martha und Lazarus? Jesus ist Gast. So hat er Gelegenheit, sich für das Gastmahl zu waschen, zu salben und zu schmücken. Insbesondere die Gabe des Salböls gehört mit zur Ehrung des Gastes. Oft beauftragt der Gastgeber dazu einen seiner vertrauten Diener. Die Salbung eines Rabbiners jedoch durch eine Frau, ob aus dem Kreis der Jesus bekannten Jüngerinnen oder eine fremde Frau aus dem Ort kommend, ist uns sonst nirgends überliefert im Raum Palästina.

Diese Frau (eine Sünderin, in der Tradition meist Maria von Magdala, eine unbekannte Frau) kommt mutig und zielstrebig, die vielen Männer weiter nicht achtend, zu Jesus. Sie will zu ihm, nur zu ihm. Ist es Dankbarkeit für empfangene Heilung und Vergebung, ist es Zuneigung und Liebe? Sie kennt Jesus aus Begegnungen, sie hat von ihm gehört. Er bedeutet ihr viel, sehr viel, eigentlich alles.

Jesus liegt – wie damals üblich – zu Tisch, ist ins Gespräch vertieft, wohl wieder hinweisend auf sein nahes Ende, unverstanden und letztlich einsam. In dieser Situation kommt diese Frau; sie trägt ein Alabastergefäß voll kostbarem, wohlriechenden Öl verborgen mit sich.

Die Frau nimmt dieses kostbar geschliffene Alabastergefäß, zerbricht es und lässt den wohlriechenden, edlen Inhalt, das „Nardenöl", über Jesu Haupt oder seine Füße fließen.

Was das gekostet hat, dieses Pfund „Nardenöl": 300 Denare, der Jahresverdienst eines damaligen Arbeiters. Und dann noch das Gefäß, völlig zerbrochen jetzt, unbrauchbar geworden, zum Entsorgen. Verschwenderisch handelt sie, verrückt, und das alles für einen, der immer wieder vom bevorstehenden Leiden und Tod spricht; ärgerlich ist das. Und es scheint dieser Frau nicht wichtig zu sein, was die Umstehenden in ihren Herzen denken.

Judas macht sich zum Sprecher aller, die dabei sind und die diese Geschichte hören: Verrückt ist diese Frau; sie wirft das Geld aus dem Fenster hinaus für so viel Nutzloses, für etwas, was sich überhaupt nicht rechnet; sie übertreibt – typisch Frau; und dann noch schüttet sie dieses teure Öl – beim Evangelisten Johannes – auf die Füße, die in Bälde wieder im Staub gehen werden; weniger wäre immer noch gut genug; Vergeudung ist das, ohne Maß und Verstand. Man kann alles übertreiben ...
Wenn schon so viel Geld zur Verfügung steht, dann für einen vernünftigen Zweck, für Arbeitslosenprojekte, für die Diakonie oder für die Entwicklungsländer, zur Förderung der Kinder- und Jugendarbeit, zur Unterstützung der Bauern und Handwerker ...
Aber diese Frau gibt nicht nur ein kostbares Gefäß mit einem wunderbar wohlriechenden, teuren Inhalt verschwenderisch an Jesus hin, sondern darin sich selber, verschwenderisch, maßlos, überschwänglich, ganz, alles. Sie hält nichts zurück. Das ist Hingabe, aus dem Innersten heraus, aus Liebe. Das ist Anbetung und Lobpreis. Was hat wohl Jesus in ihrem Leben bewirkt, verändert, geheilt, verschwenderisch hinein verschenkt, – ohne Maß, ohne irgendetwas aufzusparen, dass sie so handelt, aus ihrem Innersten heraus?

Die Salbung in Betanien ist ein Gleichnis für das verschwenderische Handeln Gottes selbst:
Gott wagt einen neuen Weg, um uns Menschen deutlich zu machen, wer er ist und wie er zu uns ist, was für eine Sehnsucht in ihm brennt, sich zu verschenken,

sich in uns hinein zu lieben damit wir liebes- und lebensfähig werden. Er nimmt das teuerste und wertvollste, das er hat, seinen über alles geliebten Sohn Jesus, – und Jesus willigt ein mit seinem „Ja Vater!" Er zerbricht dieses wunderbare „Gefäß", er lässt es zerbrechen in der Ölpresse des Kreuzes, nie mehr rückgängig zu machender Zerbruch, seinen einzigen Sohn. Gott lässt sich in Jesus zerbrechen, damit seine Liebe und sein Leben, seine Freude und sein Heil verschwenderisch frei werden für uns und zu uns hin und in uns hinein. Er zerbricht am Kreuz, und es ist seine Liebe, die sich so an uns verschenkt, ohne Berechnung, ohne zu fragen ob es sich lohnt, ob es etwas bringt für ihn und die Welt, ohne Maß, ohne Bedingung. Muss nicht dieser Zerbruch sein, damit der Inhalt des Gefäßes frei wird? Muss nicht der Gesalbte Gottes leiden und sterben, in der Ölpresse zerstampft, in der Kelter zertreten, damit seine Liebe, seine Vergebung, sein Shalom zu uns hin fließen kann? „Muss der Messias, der Gesalbte nicht all dies erleiden ...?" (Lukas 24,26)

Der Evangelist Johannes beschreibt dies eindrücklich (Johohannes 19,30.34): Im Tod, im letzten Zerbruch haucht Jesus seinen Geist, sein Leben und seine Liebe, sein Ja hinaus in die Welt, zu uns, in uns hinein. Und um zu prüfen, ob Jesu Zerbruch vollständig ist, ob wirklich alles zerbrochen ist, stößt einer der Soldaten seine Lanze in das Herz Jesu, und sogleich fließen Wasser und Blut heraus, wiederum hin zu den Umstehenden, zu uns hin. Wasser und Blut, sie stehen für die Sakramente von Taufe und Abendmahl, Wirklichkeiten, die uns immer wieder hören, sehen, schmecken und staunen lassen, was uns in diesem Zerbrechen, in dieser Hingabe ohne Maß, aus dem Innersten Gottes heraus geschenkt wird. Gott verschwendet sich in Jesus ganz an diese Welt, an uns; er hält nichts zurück; sein Zerbruch – unser Heil.

Und dieses reiche Handeln Gottes für uns und an uns setzt seine Gaben, ihn selber frei – im Zerbruch; herrlicher Duft erfüllt alle Räume unseres Lebens, unser ganzes „Lebenshaus" – wir werden so zum Wohlgeruch Christi. Wie sehr hat unsere nach allem stinkende Welt diesen herrlichen Duft nötig! Wie sehr sehnen sich die Menschen nach wohlriechenden Erfahrungen! Wie sehr boomt der Markt von geruchvollen Angeboten! Wie wenig wird unsere, von der Verschwendung Gottes geprägte Duftnote, diese jedes Maß sprengende Kostbarkeit wahrgenommen, weil wir sie zurückhalten und ins Private verbannen. Gott verschenkt sich ohne Maß, damit wir maßlos weiterschenkend leben, ihn in diese Welt hinein verduften.

Gott salbt uns zu Königen und Priestern, uns würdigend als seine über alles geliebten Söhne und Töchter, er in uns in dieser Welt, stellvertretend, den Duft seiner maßlosen Liebe verströmend in dem, wie wir glauben und leben, hoffen und lieben, in Vergebung und Versöhnung, in allem.

Gott sucht Menschen, die ihn innig-persönlich und maßlos lieben, die ihr Leben und ihre Zeit nutzlos hingeben, seine Zeugen sind aus Existenz. Gott sucht Orte, an denen ein solch verschwenderisches Leben an der Tagesordnung ist – als Bilderbuch seines Herzens. Sind nicht Communitäten und Klöster, geistliche

Gemeinschaften solche Orte, an denen Menschen ihrer Liebe, ihrem über alles geliebten Du, ihrer Hin-Gabe eine gute, lebensfähige Form geben; Menschen, die nicht nach dem Nutzen fragen, nach dem, was unter dem Strich herauskommt; Menschen, die wagen, sich an Gott zu verschwenden.

Und noch ein kostbares Angebot: Im Zerbruch Gottes am Kreuz dürfen wir alles in uns Zerbrochene und Zerbrechende bergen im Ahnen, dass darin Heilsames, Heilendes, neues Leben, erfrischende Liebe und uns weitende Gnade Gottes erweckt und frei wird.

Deshalb lasst uns immer wieder auf den Gekreuzigten schauen, auf den Zerbrochenen am Kreuz. Lasst uns dieses unbegreifliche Handeln Gottes staunend anbeten, und lassen wir uns beschenken von diesem schreienden Zerbruch, von ihm, der so maßlos gibt, sich hingibt, sich frei setzen lässt und heilt.

„Für dich zerbrochen" und „für dich vergossen" – diese bei der Austeilung von Brot und Wein im Abendmahl zugesprochenen Worte nehmen das unbegreifliche Geschehen auf, werden in uns hinein gesprochen, schmeckend, sehend, hörend, damit sie uns berühren und verwandeln.

Geistliche Übung

Ich nehme meine Karte mit der Kreuzesdarstellung und schaue auf den Gekreuzigten. Ich schaue auf das zerbrechende, kostbare Gefäß Gottes, auf Jesus Christus.

Ich schaue den Zerbruch Gottes am Kreuz für mich, für diese Welt, damit seine Herzensfülle frei wird.
Ich höre in mir: „Für dich zerbrochen" und lasse dieses Wort in mir wirken, mich durchwirken.
Ich staune über dieses nie auszuglaubende Tun Gottes und bleibe einfach in der Stille, betend vor Gott.

Ich frage nach dem Zerbruch, nach dem Zerbrochenen, nach dem Zerbrechlichen in meinem Leben – ich erinnere mich. Ich nehme meine Erfahrungen wahr als Teil meines Lebens, schreibe mit einem Stichwort die Erinnerung auf und lege alles einzeln in mein Gefäß. Am Schluss stelle ich das Gefäß mit meinen Zetteln vor das Kreuz hin, sozusagen in den Zerbruch Gottes hinein.
Ich berge meine Schmerzen in die Wunden Jesu. Da ist Heil: „Durch seinen Wunden werden wir geheilt." (1. Petrus 2,24)
Ich verweile vor ihm, das Gefäß mit allem ihm hinhaltend und lasse ihn wirken.
Am Schluss meiner stillen durchbeteten Zeit lege ich ein Wattepad, mit dem wohlriechenden Salböl getränkt, auf oder in die Zettel hinein, sodass sich der Duft vergebender, heilender Gegenwart Jesu ausbreiten kann vor mir, in mir, in meinem Lebenshaus „Das Haus wurde erfüllt vom Duft des Öls" (Johannes 12,3). Aber der Duft durchwirkt weit mehr als nur mich, er verduftet in die Welt hinein – Wohlgeruch Christi (2. Korinther 2,15). So wirkt Versöhnung – wohlduftend.

Gebet

Gott, mein Vater,
du tust alles, um uns zu gewinnen,
du liebst dich in uns hinein,
damit in uns die verborgene, dürftige Liebe
geweckt wird, erwachend zu neuer Lebendigkeit.
Du hast es getan mit unseren Vätern:
du hast sie herausgerufen aus Knechtschaft und
Verschattung,
du hast sie geführt und genährt,
du hast zu ihnen gesprochen,
dich ihnen gezeigt als der über alles Liebende.
Du hast alles getan,
du warst alles für dein Volk.

Und jetzt wieder, noch einmal:
ganz neu wagst du, dein Herz zu öffnen,
deine Liebe verletzlich zu zeigen,
erhöht und für jeden sichtbar am Kreuz.
Du zeigst deine Liebe im Zerbrechen deines
geliebten Sohnes Jesus,
du lässt es zu und zerbrichst selber daran.
Was für ein Schrei: „Es ist vollbracht!"
als alles zerbrochen, zerschlagen, zerstochen,
am Ende war.
Und da, im Ende fließt Neues, Lebendiges, Heilvolles
in diese Welt, zu uns hin,
in uns hinein:
deine Liebe, dein Heil, deine Vergebung, deine
Befreiung – alles.

Im Ende ein neuer Anfang, den du uns zurufst:
„Siehe, ich mache alles neu!" (Offenbarung 21,5)
„Das Alte ist vergangen, siehe, es ist neu geworden!"
(2. Korinther 5,17)
Altes im Zerbruch zerbrochen, Neues im Zerbruch
geboren, ganz neu, der Beginn eines neues Himmels
und einer neuen Erde.

Ich bin vor dir,
du Gekreuzigter,
du zerbrochener Herr.
Ich bin vor dir und bete dich an.
Ich bete dein „Ja, Vater!" in mich hinein
und lasse dich wirken.

Herr, ich halte mich dir hin.
Lass das Öl deiner Liebe in mich hineinfließen,
salbe mich mit deiner Hingabe,
stelle dich zerbrechend und auferstehend in mich hinein,
da, wo es zerbrechlich ist in mir,
da, wo meine Schmerzen sind,
meine Wunden,
in meine Armut und Scham.
Und schenke du Verwandlung,
Auferstehen der Freude und der Freiheit.
Schalom, Heil – ganz.

Lied

- Nun gehören unsre Herzen …
  Evangelisches Gesangbuch, S. 93

Wie Brot in Jesu Händen ...
1. Korinther 11,23 – 24; Johannes 6,11; parallel Matthäus 14,19; Markus 6,41; Lukas 9,16

Vorbereitung

Legen Sie ein Stück Brot bereit.
Lesen Sie nun die Texte leise und langsam, ein zweites Mal laut für sich durch, vielleicht auch mehrmals.
Was empfinden Sie beim Lesen? Was rührt Sie an?

Bei welchem Wort bleiben Sie hängen?
Nehmen Sie dieses Wort behutsam in Ihre Hände,
bewegen Sie es sorgsam hin und her,
schauen Sie es an,
legen Sie es an Ihr Herz oder halten es an Ihre Wange.
(Oder: Was sagt mir dieses Wort?)

Ich bin mit diesem Wort einfach schweigend vor Gott und beende diese Zeit mit einem kurzen Gebet.

Geistliche Impulse

Wir sind wie Brot ...
Wenn wir unser Brot betrachten, erkennen wir mit bloßem Auge schon viele verschiedene Anteile. Und wir wissen in etwa, wie Brot gebacken wird aus Mehl, Wasser

und Hefe oder Sauerteig, mit Salz und Gewürzen, mit Nüssen manchmal oder Zwiebeln, mit Körnern oder Rosinen, manchmal auch mit Schokoladestückchen.
Wir sind wie Brot: Unser Leben ist durchwirkt mit vielen verschiedenen Erfahrungen in der frühen Kindheit, durch die Erziehung in Familie und Schule, durch die Geschwister, durch Autoritäten, durch die Familiengeschichten, durch mein Woher und Wohin, meine Prägung.
Brot – meine Geschichte wie sie ist, mit allen Konflikten, mit Ungelebtem, mit Verhärtetem und Verkrustetem, mit Weichem und Gestaltlosem, mit meinen Verletzungen, mit Schuld und Vergebung, mit meinen Charakterschwächen – meiner ganze Unheils-, aber auch meiner Heilsgeschichte, mit Gelungenem, mit meinen Erfolgen und der Lebenslust, mit meinen Gotteserfahrungen.
Brot – mein Leben, geformt und geknetet, erhitzt und gebacken.

Und Jesus nimmt das Brot in seine Hände ...

Es ist Nacht, die Nacht, in der Jesus ausgeliefert wird. Er ist noch einmal mit seinen Jüngern zusammen, ein letztes Mal – mit allen, auch mit Judas, auch mit Petrus.
Noch einmal wagt Jesus ein Zeichen der Formung seiner Jünger für ihre Zukunft. Noch einmal ergreift er die Initiative: Er nimmt das Brot – sie, mich, uns. Er nimmt mich in seine Hände. Es sind die Hände, die Neues schaffen aus Chaos und Wildnis, aus Erde und Lehm. Es sind die Hände, die formen und verwandeln

wie am Anfang von allem. Es sind die Hände, die segnen, heilvolle Kraft spenden. Es sind die Hände, die so viele Menschen berührt haben: Ausgesetzte, Blinde und Gelähmte, Behinderte und Trauernde. Die Berührung hat sie verwandelt. Es sind seine zarten Hände, die Kinder an sein Herz drücken. Es sind seine rettenden Hände, die auf unser Schreien antworten, nachfassen und uns festhalten, uns an sich ziehen. Es sind seine befreienden Hände, die Fesseln lösen, die Binden abnehmen, die gebieterisch den Weg weisen. Es sind seine Hände, die Jesus erhebt, um seinen Vater zu loben, ihn, den geliebten Abba, anzubeten und über allem zu preisen. Es sind seine Hände, die die Füße waschen und salben. Es sind seine Hände, die nehmen und brechen und geben.

Es sind die richtenden Hände, die Gebrochenes wieder zusammenfügen, einrichten, mich aufrichten und neu ausrichten – schmerzhaft oft, aber heilsame Menschwerdung.

Es sind seine gefesselten Hände, zerschlagen und wund gerieben, bewegungslos, damit sie ja nicht mehr liebend wirken, niemanden mehr berühren können – außer das eigene Kreuz.

Es sind seine gewaltsam und schmerzhaft durchbohrten Hände. Es sind seine Hände, festgenagelt am Kreuz, ausgebreitet, alles und alle umfassend – für uns und für immer.

Mit diesen Händen nimmt er das Brot – uns.

Er sucht uns, wählt uns aus, er birgt uns in seinen Händen, verortet uns in seinen Händen, dem einzigen Ort der Jüngerbildung; er liebt uns in seine Hände hinein.

„Siehe, ich habe dich in meine Handflächen geritzt" (Jesaja 49,16) – unauslöschbar, auf ewig.
„Und du wirst eine herrliche Krone sein in der Hand des Herrn" (Jesaja 62,3) – unendlich kostbar.
„Und niemand wird dich aus meiner Hand reißen" (Jesaja 43,13; Johannes 10,28).

Es erinnert uns an einen Töpfer, der den Ton in seine Hände nimmt und sorgsam beginnt, ein Gefäß nach dem Vorbild in seinem Herzen zu formen, umzuformen, auszuformen (Jeremia 18,6). Brot wie Ton in seinen Händen, bereit, geformt, verwandelt und gebildet zu werden, geprägt von ihm; ja, sein Bild wird in uns ein- und abgebildet durch sein Handeln.
„Da wird man erkennen die Hand des Herrn" (Jesaja 66,14).

Und Jesus nimmt das Brot, dankt dafür und segnet es ...

Und Jesus nimmt das Brot – mich, uns – so, wie wir sind in seine Hände und dankt seinem Vater dafür. Er hält es seinem Vater hin, liebevoll und wertschätzend. Was für eine Geste! In Gottes Augen wird unser Leben nicht ausgemerzt und durch ein neues Leben ersetzt. Nein, er dankt für alles, für alles Lichte und Dunkle, für Schmerz und Freude, für dieses unser Leben. Durch sein Danken wird unser Leben klar und wahr und kostbar, Heil wird sichtbar, Verwandlung vollzieht sich.
Jesus segnet das Brot und damit mich und uns. Er spricht sein gutes, heilsames Wort über unser Leben und in unser Leben hinein, sein schöpferisches und

immer wieder neuschaffendes Wort. Es ist sein Wort, das uns formt und verwandelt. Es ist sein gutes Wort, das wirkt und hineingewoben wird in unser Leben. Das ist das neue: Vergebung, Freiheit, aufrechter Gang, Lob und Anbetung ...
„Und so er spricht, so geschieht es" (Psalm 33,9).

Welches Wort hat Gott schon in unser Leben hinein gesprochen?
Hören Sie in der Stille auf Sein Wort für Sie, vielleicht längst vergessen, überhört, fallen gelassen oder abgelehnt.
Versuchen Sie, dem Wort nachzugehen, das Ihnen in der Taufe, in der Konfirmation oder bei anderen Gelegenheiten zugesprochen wurde.
Hören Sie auf Sein Wort für Sie und lassen Sie es zu, dass es Ihre Wirklichkeit berührt.
„Ich bin da, wo du bist" bringe ich in Berührung mit meiner Existenzangst und meiner Einsamkeit;
„Fürchte dich nicht!" berührt meine Zurückhaltung vor Neuem;
„Sei getrost!" berührt meine Trauer über Verlust und Verlassenheit;
„Steh auf!" berührt meine Lähmung, Resignation und Müdigkeit;
„Komm!" berührt meine Angst, Vertrautes zu verlassen, Vertrauen in Jesus allein zu wagen;
„Ich will dir dienen" berührt meine Befürchtung, Gott nicht zu genügen, noch mehr sein und leisten zu müssen, um angenommen zu werden.
„Liebst du mich? Willst du mein Freund, meine Freundin sein?" diese seine Frage berührt meine Sehnsucht

nach Nähe, nach Gesehenwerden, nach Anerkennung und nach Zärtlichkeit.

Ich wähle das Wort aus, das in mir etwas anklingen lässt und höre es immer wieder aus Gottes Mund, mir zugesprochen, in mich hinein gesegnet. In diesem Wort geborgen, von ihm neu belebt, gehe ich meinen Weg.
Diese seine Worte formen uns. Sie sind der Backofen unseres Lebens, die Glut, in der wir verwandelt, gereinigt und geheiligt werden, ebenbildlich.

Ja, es stimmt: „Du tust deine Hand auf und sättigst alles, was lebt mit deinem Wohlgefallen." (Psalm 145,16).

Und Jesus bricht das Brot ...
Wir werden in seinen Händen gebrochen – nach dem Dank für unser ganzes, wertvolles Leben, nach dem Segen, der auf unser Leben gelegt wurde. Ge- und Zerbrochen werden hat nichts zu tun mit Zerstörung. Wenn wir auf die Berichte über die Speisung der über 5000 Menschen schauen, dann steckt im Zerbruch – wenn er in den Händen Jesu geschieht – Vermehrung. Ist nicht auch der Tod Jesu so zu verstehen: Nur durch seinen Zerbruch am Kreuz wird das Heil frei für uns, der Wohlgeruch Christi wahrnehmbar und seine Herrlichkeit sichtbar. Der neue Himmel und die neue Erde, bisher nur keimhaft und ahnend vorhanden, sprießen jetzt hervor.
Nur durch seinen Zerbruch am Kreuz wird das bedingungslos liebende Handeln Gottes an uns und für uns

und für die ganze Welt voll und ganz sichtbar. Nur durch diesen Zerbruch wird die bedingungslose Vergebung Gottes erkennbar. Immer wieder weist Jesus in seinen Leidensankündigungen auf dieses Ziel und damit auf den Anfang von allem hin und erntet viel Unverständnis, auch bei den Jüngern.

Immer wieder handelt er in Zeichen und Wundern, die sich öffnen auf eine ganz neue Zukunft hin, und das Volk reagiert mit Entsetzen und vielen Fragen. Der Zerbruch Gottes in Jesus wird Ziel und Anfang eines neuen Lebens. „Musste der Gesalbte nicht solches erleiden und so in seine Herrlichkeit eingehen?" (Lukas 24,26)

Und nun sagt Jesus zu uns: „Wo ich bin, da soll mein Diener – du und ich – auch sein" (Johannes 12,26). Das heißt doch: Wir werden mit ihm, durch seinen Dank und Segen, in seinen Händen geborgen, hineingenommen in den Prozess des Zerbruchs, damit das Eigentliche, er in uns und wir in ihm, sichtbar wird – Wohlgeruch Christi.

Ich hörte einmal eine Geschichte über die Arbeit von Michelangelo in Florenz. Alle bewundern sein besonderes Kunstwerk, den „David". Er aber sagt: „Ich habe nur einen riesigen Marmorblock bekommen, und beim langen und intensiven Betrachten habe ich in ihm einen ‚David' entdeckt. Und dann habe ich nichts weiter gemacht, als den im unförmigen Block verborgenen ‚David' freigeschlagen, alles weggehämmert, was sein Bild verdeckte. Und nun steht er da."

Zerbruch meint Reinigung und Vermehrung, „damit Gottes Herrlichkeit an uns sichtbar werde" (Römer

8,18). Zerbruch meint Schmerz und Leid, Einbruch und Aufbruch, Verlust und Abbruch, Loslassen und Abschied. Und Zerbruch in Jesu Händen meint zugleich: offene Tür, keimhaft neues Leben, Weite und Tiefe und Höhe, überfließende Mehrung für mich und für alle, Verheißung von Zukünftigem, umfassenden Shalom. Zerbruch meint Wachstum an den kantigen Rändern, Weitung, Neuwerdung.

Und Jesus gibt das Brot weiter ...
Das ist Hingabe und Sendung. Er, Jesus, gibt sich hin für mich und uns. Er zerbricht und wird aufgebrochen für uns: „Für uns gegeben!"
Und nun nimmt er uns in seine Hingabe und Sendung mit hinein.
Was für eine Wertschätzung unseres Lebens! Was für eine Liebe, die unsere Nähe sucht! Was für eine Sehnsucht nach uns und unserem Ja! Was für ein Blick, der uns einhüllt und mitnimmt auf seinen Weg! Was für ein Wort, das unsere so oft bewahrte und konservierte Wirklichkeit aufbricht zur Zeit und Ewigkeit hin! Was für ein Herr!
Er gibt uns weiter, er teilt uns aus – er in uns – an andere. Darin steckt der Ruf in seine Nachfolge, aufgebrochen wie er, ausgeteilt wie er – für andere, damit „Frucht wird und Frucht bleibt" (Johannes 15,16).

Das ist mein Leib ...
Das ist die Verheißung für unser gebrochenes Leben – sein Leib, wenn wir uns in seine Hände verschenken. Wir, ein Teil von ihm, von ihm verantwortet, von ihm

umfangen. Es geschieht, wenn wir beten: Nimm hin und empfange mein Leben, meinen Leib, meine Seele, meinen Geist, alles was ich habe und was ich bin. Nimm hin und brich es in deinen Händen, brich es auf, damit Glaube geschieht, deine Wirklichkeit sich mehre in dieser Welt. Damit „Wer euch hört, hört mich" (Lukas 10,16), du hörbar und sichtbar und erfahrbar wirst.
Mein Leben, mein Wesen, meine Wirklichkeit verbindet und verwebt sich mit ihm zu einer Einheit, seinem Leib. Sein Name wird mein Name, tiefste Verbundenheit und geschenktes Einssein, einmalige und staunende Freundschaft, denn nur Liebende geben so Anteil an ihrem Leben. Darum: Lobe den Herrn meine Seele und was in mir ist: Seinen heiligen Namen.

Geistliche Übung

Ich nehme das Stück Brot in meine Hände.
Wie dieses Brot, so bin ich.
Wie es in meinen Händen ruht, so liegt es/liege ich, liegen wir als Gemeinschaft, als Gemeinde, als Familie in den Händen Gottes:
geborgen, gehalten, umfangen, geschützt ...
in seinen segnenden Händen,
in seinen rettenden Händen,
in seinen einrichtenden Händen.
Da bin ich aufgehoben, das ist meine Heimat – seit der Taufe:
Du in mir! Ich in dir!
Ich verweile in der Stille.

Er bricht das Brot – mich/uns:
Kenne ich Zerbruch in meinem Leben?
Kann ich mich innerlich zu der Erkenntnis hintasten, dass mein erlebtes Zerbrechen in seiner Hand geschah?
Ahne ich, dass meine Bruchstücke in seiner Hand gehalten, geborgen, von ihm umfangen sind?
Bin ich zerbrechlich?
Nimm hin und empfange ...
Spüre ich Jesu Sehnsucht nach meinem Aufbruch, nach meiner Nähe und Verwandtschaft zu ihm, nach meiner Jesusförmigkeit?
Kann ich im Zerbruch Jesu liebevolles Handeln erkennen und bejahen in mir, in der Gemeinschaft, in der Gemeinde?
Ahne ich, dass darin der Anfang werdenden und einst vollkommenen Heiles liegt, Heilung?

Ich verweile betend vor ihm ...

Gebet

Nimm hin, Herr, und empfange mein Leben,
alles, was ich bin, geworden bin in all den Jahren,
alles, was andere aus mir und mit mir gemacht haben,
alles Verschattete und Belichtete,
alles, was ich nicht gerne anschaue, erinnere und zulasse,
alles, was werden, wachsen, blühen durfte und
Frucht brachte,
alles.

Nimm hin, Herr, und empfange mein Leben,
mit all seinen Farben und Formen,
mit den Verletzungen und Schmerzen,
mit den Wunden und Narben,
mit allem in Schubladen Verschobenen und
Verdrängten,
mit Verkrümmtem und Verdorrtem,
alles.

Nimm hin, Herr, und empfange mein Leben,
meine Suche nach Anerkennung, nach Lob,
mein Hang zur Perfektion,
meine Suche nach Erfolg,
meine Angst und meine Hörigkeit,
meine Sucht nach Macht,
meine Resignation und Lähmung,
alles.

Nimm hin, Herr, und empfange mein Leben
alle meine Pläne,
meine Lebensdeutungen,
meine Festlegungen,
alles, was ich aus mir noch machen will,
alles, womit ich mehr werden will,
mehr aus mir machen will,
was ich mir an Wissen, an Hab und Gut
angesammelt habe,
meinen Hunger und meinen Durst,
meine ungeformten inneren Kräfte,
alles.

Nimm hin, Herr, und empfange mein Leben,
nimm es in deine Hände,
achtsam und klar,
nimm es,
danke du dafür,
segne es mit deiner heilvollen Kraft,
indem du es brichst,
aufbrichst, umbrichst,
damit mehr werde,
mehr von dir, Herr,
dir ähnlich, ganz du!

Lieder

- Liebe, die du mich zum Bilde ...
  Evangelisches Gesangbuch, S. 401
- Kommt mit Gaben und Lobgesang ...
  Evangelisches Gesangbuch, S. 229

Bindet ihn los!
Lukas 19,28–40

Vorbereitung

Legen Sie sich eine kräftige Schnur, ein breites Band oder einen Gürtel zurecht.

Geistliche Impulse

Jesus, auf dem Weg nach Jerusalem. Er kommt noch ein letztes Mal durch ihm bekannte Orte am Ölberg, auch durch Betanien am Weg nach Jericho. Es ist der Ort, an dem viele seiner Freunde leben, die ihn immer wieder aufgenommen haben, ihn und seine Jünger versorgten, ihm ein Stück Heimat gewährten. Da wohnen Maria, Martha und Lazarus, Simon, der ehemals Aussätzige, Simon, der Pharisäer und die Frau, die ihn kurz vorher mit einer verschwenderischen Fülle wohlriechenden Öles gesalbt hat. Auch wenn vielleicht viele Bekannte ihn grüßen, ihn aufnehmen wollen, ihn bei sich haben wollen, um ihn zu hören – Jesus hat Jerusalem vor Augen, eine schwere, für ihn und alle seine Freunde herausfordernde Wegstrecke. Zudem hat die Auferweckung des Freundes Lazarus wie ein Lauffeuer die Runde gemacht. Begeisterung und Ablehnung gleichermaßen sind zu spüren. Man erzählt sich da und dort zusätzlich erlebte und von anderen vernommene Wundergeschichten.

Als er in die Nähe von Betfage und Betanien kommt, bittet er zwei seiner Jünger, ins Dorf zu gehen und das Eselsfohlen zu holen, das gleich am Dorfeingang angebunden steht.
Und sie gehen und finden es so, wie Jesus es sagt. Angebunden ist der Esel, festgemacht an einem Riegel. Er kann sich kaum hin und her bewegen, nur in einem engen Radius, immer mit der gleichen Aussicht, gebunden, unfrei, wartend, vielleicht auf einen neuen Weg. Die Fessel reicht gerade, um in der Nähe einige dürftige Kräuter zu fressen und nach anderen sehnsüchtig zu blicken. „Bindet ihn los", sagt Jesus, löst das Hanfseil, setzt den Esel frei, schenkt ihm weiten Raum für Nahrung und Bewegung, Erfüllung seiner Sehnsucht. Holt ihn aus der Enge heraus, dem ewig Gleichen, an das er sich schon gewöhnt hat.
Aber Jesus sagt: „Bindet ihn los und bringt ihn her zu mir!" Losbinden für Jesus, Zerreißen der Fesseln für Jesus, Freiheit für eine neue Bindung – an Jesus. Ist das nicht ein übler Trick: Entfesseln zum neuen Fesseln? Befreien, um neu zu binden? Weite schnuppern, um dann neu nur dem einen zu gehören? Sich in ungeahnte Weiten in Bewegung setzen zu können, um dann gleich einen vorgegebenen Weg gehen zu müssen?
„Bindet ihn los und bringt ihn zu mir!" Die neue Bindung an Jesus, eine von ihm erbetene Beziehung ist in nichts zu vergleichen mit dem gefesselten Dasein, mit der Knechtschaft vorher. Die Bindung an Jesus bedeutet vielmehr Freiheit. Es bedeutet Dasein für ihn, ihn tragen zu dürfen, ihn ganz nah zu spüren, seine Nähe, und das beinhaltet auch seine Angst, seine Unsicherheit, seine

Sendung, seinen Vater, ihn – alles wahrzunehmen. In diese Nähe eingebunden, geht der Esel fortan seinen Weg; er trägt das Reich Gottes, das Heil und die Zukunft. Und was er trägt, prägt auch sein Herz, seinen Gang, sein eselhaftes Gespür. Der, den er trägt, prägt sich ihm ein – im Gehen, im Chaos der Rufe und der Schreie im Umfeld, Schritt für Schritt.

Und wenn jemand aus dem Dorf fragt: „Warum bindet ihr diesen Esel einfach los?" Was soll das? Der gehört jemand anders. Der muss angebunden sein. Da kommt er nicht auf falsche Gedanken. Der ist am besten aufgehoben, wenn er eng an seinem Pflock angebunden ist. Oder Entbindung eines Menschen am Sabbat? Wo kommen wir da hin? Es hat hier alles seine Ordnung, unsere Gesetze, die von uns festgelegten Regeln, unsere gültige, in guten, festen Formen angebotene Frömmigkeit (Lukas 13,14ff).

Wenn ihr so gefragt werdet, dann sagt einfach. „Der Herr bedarf seiner!" Was für ein Wort! Der Herr bedarf seiner. Das bedeutet Herrschaftswechsel: Vorher angebunden, jetzt die offene Einladung: Jesus bedarf seiner. „Ach, lass mich doch dein Esel sein, Herr!" dann darf ich dieses Wort mir zugesprochen hören: Der Herr bedarf deiner! Jesus bedarf meiner. Er zeigt mir seine ganze Bedürftigkeit, seine Sehnsucht nach Nähe und nach Getragenwerden, nach Mitgehen auf seinem Weg, seine Liebe. Dazu muss er mich aus allen alten Anhänglichkeiten, Bindungen und Fesseln befreien, losbinden, losrufen lassen – durch seine Jünger, in Jesu Vollmacht, durch sein Wort, durch seine Nähe und seine befreiende Kraft. Es erinnert an das Geschehen um Lazarus: „Komm heraus!" ruft Jesus dem Verstorbenen zu und: „Löst die Binden!" den Jüngern. Zerschneidet die Enge, reißt den Knoten auf, der diesen Menschen im Tod festhält, ihn unbeweglich macht, in seinem Grab verwesen lässt. Helft ihm ins Leben, in die Lebendigkeit, die in ihm ruht und schreit, verborgen und bedrängt, verengt und verängstigt. Löst ihn heraus, Lazarus, den Esel, mich.

Denn Jesus bedarf meiner. Was für eine Wertschätzung meines Lebens verbirgt sich in diesem Wort. Befreit zu werden, um ihn zu stützen, um ihn zu tragen, um ihm Wärme und Nähe zu schenken, um ihn nicht fallen zu lassen, um bei ihm zu bleiben. Was für eine Auszeichnung durch seinen bittenden Ruf: Ich bedarf deiner! Ein neuer Bund, von ihm ins Leben, in mein Leben hineingerufen. Seine Bitte berührt meine eigene Sehnsucht nach Sinn, nach Erfüllung, nach Nähe und Vertrauen, nach Liebe. Und so geschieht Neues, ein neues Stück Himmel und eine erneuerte Erdhaftung in mir und in meinem Leben. Ich darf Jesus tragen, er fragt nach mir, er bittet um mein Hinhalten und Hingeben, er sehnt sich nach meinem Dienst, nach dem „Ja, Herr!", das getragen, durchwirkt und durchblutet ist von seinem Ja zum Vater, zu mir und zur ganzen Welt.

Was seine Bitte für mich und mein Leben bedeutet, kann ich nur ahnen, wenn ich entbunden bin von allem, wenn ich hörend werde, wenn ich ihn spüre, wenn ich frei bin für ihn. Nur losgebunden vermag ich mich umzudrehen und ihn zu schauen. Nur entfesselt von Sünde und Schuld und Angst, von allem, was mich einengt und womit ich andere einenge, beurteile und festlege, mir und anderen die Luft und damit die Ehre abschneide, kann ich seine Einladung annehmen und ihn auf und in mir tragen. Jesus ist es, der meine Fesseln löst. Er ist es, der mich entbindet und – wie eine Hebamme – mich ins Leben zieht. Darin liegt seine Sendung: „Der Geist des Herrn ist auf mir, weil er mich gesalbt hat, zu verkündigen das Evangelium den Armen, er hat mich gesandt, zu predigen den Gefangenen, dass sie frei sein sollen, und den Blinden, dass sie sehen sollen, und den Zerschlagenen, dass sie frei und ledig sein sollen, zu verkündigen das Gnadenjahr des Herrn." (Lukas 4,18–19)

Das ist Evangelium für uns alle persönlich: Losbinden, frei setzen, zu Jesus bringen, weil er uns braucht.

Geistliche Übung

Ich nehme die Schnur, den Gürtel, das Seil und binde mich am Hals oder am Fuß irgendwo fest. Ich nehme nun bewusst war, was gebundenes Leben bedeutet: festgenagelt, wund gescheuert, kleiner Bewegungsradius, enge Sicht, Traurigkeit, Lähmung, Resignation ...
Ich frage mich: Wo bin ich festgelegt, verengt und ängstlich, kleinkariert und engstirnig?

Bei welchen Gelegenheiten neide ich anderen ihre Freiheiten?
Wo erlebe ich mich gebunden?
Sehne ich mich nach einer neuen Geburt, nach Entbindung?

Höre ich den Ruf Jesu: „Bindet ihn/sie los!" Will ich das überhaupt?

Suche ich das Gespräch mit einer mir hilfreichen „Hebamme", die mich im Namen und Auftrag, ja in der Vollmacht Jesu befreit?

Kenne ich in meinem Leben befreiende Erfahrungen? Ich darf mich an sie erinnern und dankbar nachkosten. Helfen sie mir, diese Erfahrung erneut zu wagen und zu gehen? Wer stand mir damals als „Hebamme" zur Seite?

In einem Gebet danke ich für diese Menschen, die mir neu ins Leben geholfen haben.

Und das Wort Jesu: „Ich bedarf deiner!" Es lädt mich ein, meinen alten, vielleicht angestammten oder von anderen mir zugewiesenen Platz zu verlassen, mich davon loszusagen um ChristusträgerIn zu werden, ein Christophorus oder eine Christophora. Es geht um eine Wende, eine Umwendung in eine neue Richtung. Ich zerschneide mein Seil und wende mich um, in eine ganz neue Richtung, höre innerlich seine Bitte „Ich bedarf deiner!" Was bewegt sich da in mir? Ich suche eine betende Antwort …

Gebet

Herr, du umfängst mein Leben mit deinem Blick;
du kennst mich,
mein Jetzt und Hier,
mein Gewordensein, meine Geschichte, meine Prägung;
du weißt um meine Bindungen,
und du siehst in mir meine Sehnsucht nach Leben und neuer Lebendigkeit,
nach dem Mehr meiner Liebe, meines Glaubens, meiner Hoffnung;
du rufst und lädst ein und ich zögere,
weil du mich ins Ungewisse rufst.
Und ich wähle immer wieder das Gewohnte, das Bewährte, das Vertraute, das mir Bekannte,
auch wenn ich spüre, dass es mich festhält und mich festsetzt.
Und ich sperre die Welt, die anderen, dich in mein enges Denk- und Glaubensgebäude ein
und lege sie fest und versorge meine innersten Regungen.
Herr, verzeih mir.
Binde mich los, zerreiße meine Fesseln, zerschneide meine Bindungen,
setze mich frei,
frei für die Wende in meinem Leben,
die Umwendung zu dir.
Sende einen Menschen in meinen Blick,
den ich wähle als Hilfe, als Hebamme ins Leben.
Damit ich deine Bitte höre,
in mir höre: Ich bedarf deiner!

Wie sehr sehne ich mich nach diesem Wort für mich,
danach, dass du mich meinst,
dass du mich bei dir haben willst,
nach deiner Liebe.
Und da ist die Angst, Altes zu lassen,
altes Denken und Handeln.
Herr, hier ist meine Angst,
zerschneide sie und führe mich heraus,
zu dir – ganz, mit allem,
nur zu dir
und mit dir für die anderen,
für deine Welt.

Lieder

- Liebe, die du mich zum Bilde ...
  Evangelisches Gesangbuch, S. 401
- Komm heraus, komm ins Leben, tritt ans Licht ...
  Christusbruderschaft Selbitz
- Aus der Tiefe rufe ich zu dir ...
  Evangelisches Gesangbuch, S. 629
- Kommt, atmet auf, ihr sollt leben ...
  Feiert Jesus, Band 1, S. 173

Und sie richtete sich auf
Lukas 13,10–17

Begriffe

- Die Synagoge ist ein Bet- und Lehrhaus. Sie entstand während des Babylonischen Exils (nach 586 v.Chr.), als man einen Ort brauchte, wo man vor allem am Sabbat zum Gebet und zur Belehrung über die Tora zusammenkommen und sich als Gemeinde erleben konnte. Nicht nur in den Städten der Juden Palästinas und in der jüdischen Diaspora gab es sie, sondern auch in Jerusalem – trotz des Tempels.
Wenn es ging, baute man die Synagoge gut sichtbar auf dem höchsten Punkt der Stadt oder des Dorfes. Die Eingänge legte man nach Osten hin an, in Richtung der aufgehenden Sonne.
Die Tora und die übrigen Heiligen Schriften standen als Schriftrollen in einem heiligen Schrein, aufbewahrt in einer Tuchhülle. Neben den Rollen standen zwei siebenarmige Leuchter, davor befand sich das Vorbeter und Lesepult.
Die Männer saßen auf Bänken und auf dem Boden im Mittelschiff oder an den Wänden entlang, die Frauen standen und saßen im hinteren Teil.
Jede Synagoge hatte einen Synagogenvorsteher: Er gehörte zu den angesehensten Männern der Gemeinde. Ihm zur Seite stand der Synagogendiener: Er legte die Schriftrollen für den Gottesdienst

bereit, holte die Vorbeter herbei und suchte sich Leser aus, oft auch vorbeiziehende Rabbis. So wurde auch Jesus gebeten, vorzulesen und den Text auszulegen.

- Der Synagogengottesdienst begann mit dem „Schemá Israel", dem „Höre, Israel, der Herr allein ist Gott ..." (5 Mose 6,4–9). Dieses Bekenntnis gehörte zum täglichen Morgen- und Abendgebet, umsungen vom Lobpreis Gottes. Es folgte ein Anliegengebet und dann die Schriftlesungen: Zunächst aus der Tora, wobei Vers für Vers aus dem Hebräischen in die landesübliche Sprache übersetzt wurde. Anschließend wurden – meist wenn kein Prediger da war – frei gewählte Texte aus den geschichtlichen Büchern und den Prophetenbüchern vorgelesen.

Für die Ordnung des Gottesdienstes waren der Synagogenvorsteher und sein Diener verantwortlich. Um den Inhalt, die Auswahl der Lesungen und die Verkündigung sorgten sich die Pharisäer und Schriftgelehrten. Das gab ihnen die Möglichkeit, die örtliche Gemeinde zu prägen.

- Sabbat: der Wochenfeiertag der Israeliten und heute noch der „Sonntag der Juden". Das Wort „Sabbat", hebr. Schabbát, bedeutet „ruhen", „vollständig machen", „dieser Tag, der alles auf seine rechte Größe bringt" – ein Freuden- und Ruhetag zur Ehre Gottes, der Himmel und Erde gemacht hat. Es ist der Tag Gottes und damit der Tag, an dem das Leben und alle Lebendigkeit gefeiert wird. Zum Feiern gehörten festliche Mahlzeiten und Gemeinschaft, was am Vortag bereits vorbereitet, zugerüstet wurde (Rüsttag).

Schon vor der Geburt Jesu entwickelte sich ein Wust von Geboten und Verboten für den Sabbat, die den ursprünglichen Sinn verdunkelten. So durfte man am Sabbat keine Ähren ausreißen und sie zwischen den Händen zerreiben, weil das als Arbeit gewertet wurde. Man durfte nicht heilen, keine Heilsalbe zubereiten und zur Heilung aufstreichen. Ein Geheilter durfte seine Bettmatte nicht nach Hause tragen usw. Jesus hat immer wieder diese Äußerlichkeiten und menschenknechtenden Gesetzlichkeiten der Sabbatruhe angegriffen und die eigentliche Bedeutung für den Menschen deutlich gemacht: Der Sabbat ist ein Geschenk Gottes an den Menschen, sich des Lebens zu freuen und Gott als den Freund des Lebens zu feiern.

Geistliche Impulse

Jesus lehrt wie so oft in einem Synagogengottesdienst, indem er die Lesung übernimmt und diese auslegt. Es ist Sabbat, der Tag des Lebens, die Feier des Gottes Israels.

In den Synagogengottesdienst hat sich eine Frau eingefunden, die ganz hinten im Raum, da wo die Frauen stehen und sitzen, ihren Platz sucht. Sie hat einen Buckel, ist völlig gekrümmt. Alle können es sehen und sich ihren Teil denken. Und das ist wohl auch der Grund, warum sie sich ganz in die Ecke drängt, still dasteht und zuhört. Normalerweise zeigt sie sich überhaupt nicht in der Öffentlichkeit. Aber am Sabbat, da zieht es sie in die Synagoge, da will sie die Texte hören, die vom Schöpfer erzählen, von dem, der Leben und Heil schafft durch sein Wort. Und sie will hören, dass Gott ihr einmal gnädig sein wird, weil er sich aufmacht, um sich ihrer zu erbarmen; und er ihr einmal im Leid Brot und in ihren Ängsten Wasser geben wird (Jesaja 30,18–20). Und sie will sich in den Lesungen immer wieder erinnern lassen an das Wort: „Du sollst mit einem neuen Namen genannt werden, welchen des Herrn Mund nennen wird. Und du wirst sein eine schöne Krone in der Hand des Herrn und ein königlicher Reif in der Hand deines Gottes. Man soll dich nicht mehr nennen ‚Verlassene' und dein Land nicht mehr ‚Einsame', sondern du sollst heißen ‚Meine Lust' und dein Land ‚Liebe Frau'; denn der Herr hat Lust an dir." (Jesaja 62,2–4)

Und so ist sie wieder hier. Die Sehnsucht nach neuem, aufrechtem und aufrichtigem Leben brennt in ihr.

Übung

Ich gehe einige Minuten gebeugt durch den Raum und nehme wahr, was mit mir geschieht. Erinnerungen werden wach an frühere Verwandte mit einem rachitischen Buckel, an Bauern, die gebückt und im hohen Alter noch ihrer Arbeit nachgingen. Ich erinnere mich an Menschen aus meiner Umgebung, die niedergebeugt gehen, gezeichnet durch Osteoporose.

Ich merke, wie die Verspannung in meinem Rückenbereich zunimmt; die Wirbelsäule schmerzt. Ich will mich wieder aufrichten; ich kann es, aber kann es diese Frau auch?

Ich versuche mich in diese Frau einzuspüren.

Und so sehe ich nur den Boden, betrachte alles von unten her, den Teppich, die Stuhlbeine, fensterlose Blickweise, enges Blickfeld. Was für ein Leben!

Was hat diese Frau so gekrümmt?

Hat sie wohl stets die Lasten der anderen auf sich genommen, zusätzlich zu ihren eigenen? „Ich mach das für dich!" ist ihr typischer Satz oder die Frage: „Kann ich dir etwas Gutes tun?" ohne auf sich und ihre Bedürfnisse zu achten? Das Lob und die Anerkennung von Kind an suchend, das hat wohl ihre Lebenshaltung geprägt.

Oder hat sie einfach zuviel gearbeitet in Haus und Hof, im Betrieb und in der Familie? Die Armut drückt, die eigenen Ansprüche auch. Immer in Bewegung, keinen Raum für Ruhe und Feiern, für Lassen und Schauen.

Oder prägt sie eine Depression, ungelebtes Leben in ihr, lähmende Ängste, Druck?

Oder wagt sie einfach anderen nicht mehr in die Augen zu schauen aus Scham, weil sie ständig missbraucht, abgewertet, schlecht und klein gemacht wurde? Festlegungen drücken sie und nehmen ihr den aufrechten Gang, die Würde, Mensch und Frau zu sein: „Du kannst sowieso nichts! Bist du blöd! Der letzte Dreck!"

So gebückt zu gehen, nimmt den Atem, beengt den Brustraum, macht krank. Die Frau ist kleiner als sie in

Wirklichkeit ist. Alles betrachtet sie von unten, aus der Haltung des Verlierers, des Unwürdigen, des Minderwertigen. Und das Gespräch mit einem Partner? Unmöglich. Sie kann sich einfach nicht mehr aufrichten. Sie kennt nichts, was ihr gut tun würde, sie erlaubt sich das nicht, und es wird ihr auch nicht geschenkt.
Seit 18 Jahren lebt sie so gekrümmt. Die Bibel beschreibt es als die Auswirkung eines Leben raubenden Geistes, eines Gegenspielers dessen, der der Freund des Lebens ist, Gott. Es ist ein widergöttlicher Geist, der Leben und Freude stiehlt, der Unruhe erzeugt und erdrückend abwertet.
Und das schon 18 Jahre, was für eine lange Zeit. 3 mal 6 Jahre: drei steht für die Ganzheit, sechs für die Schöpfungs- und Arbeitstage, also die ganze Zeit nur gearbeitet aus welchen Motiven auch immer. Es fehlt der 7. Tag, der Sabbat, der Ruhetag, der Tag des Lebens und der Freude, der Tag Gottes und seiner Anbetung.

Und nun beginnt ein Berührungs- und Heilungsweg, er beginnt mit dem Blick Jesu: „Als Jesus sie sah ..." Jesus sieht diese Frau ganz hinten in der Ecke, gekrümmt und klein, kaum zu sehen, verdeckt durch die zuhörenden Männer. Aber Jesus hat einen Blick für Arme, Entrechtete, Gekrümmte und Einsame. Er ist ein Gott, der sieht (1. Mose 16,13), der diese Frau in seinem Blick birgt und sie so einhüllt und für das Folgende schützt. Dadurch, dass Jesus diese Frau in seinen Blick nimmt, beginnt bereits die Würdigung dieses Menschen, beginnt inneres Keimen, Öffnung des so sehr verletzten Herzens.

Und nun ruft er sie beim Namen, bei ihrem Namen! Und damit sagt er „Mein bist du!" Du gehörst zu mir hier vorne in die Nähe der Tora, des Heiligen, mehr noch: Du gehörst mir! Er ruft sie zu sich, aus ihrer Ecke heraus, aus dem immer wieder gewählten Hinterland, aus ihrer Festlegung heraus. Knisternde Spannung liegt in der Luft. Manche denken wohl: Was soll das? Diese Störung in unserem schönen Gottesdienst! Und dann ruft er diese Frau, von der man nicht richtig weiß, warum sie so gekrümmt ist, was sie alles auf dem Kerbholz hat. Die ist ja gestraft! Und andere denken: Die ruft er und nicht mich? Ich würde auch gerne angesprochen von ihm und seine Nähe spüren ... Ich habe es doch eher verdient ... Und was ist mit mir?

Jesus ruft diese Frau zu sich, ungewöhnlich für jene Zeit und für die anwesende Gemeinde, für Jesus aber selbstverständlich, denn er sieht die Not und er sieht durch den Buckel hindurch das Herz und alles Ungelebte, Verkrümmte, Vertrocknete und Verhärtete. „Komm her zu mir, du, die du mühselig und beladen bist; ich will dich erquicken!" (nach Matthäus 11,28). Alles wartet und schaut, gespannt und neugierig, hoffnungsvoll und lächelnd, ungläubig und glaubend. Die Frau löst sich aus dem Hintergrund, langsam vielleicht, von Jesu Blick eingefangen und gehalten. So wagt auch Petrus wenig später seinen Ausstieg aus dem vertrauten Boot, immer den Blick auf Jesus geheftet. „Und sie sehen niemand als Jesus allein!" (Matthäus 17,8), Petrus und diese Frau. Dieses Eingebundensein in seinen Blick, dieses Verhaftet sein in ihn, ermöglicht der Frau die Lösung aus der tötenden Verortung, zum Gang durch die Menge nach vorn, zu Jesus hin. Sie macht sich auf den Weg, unsicher, ängstlich aber verankert in Jesu Blick und Ruf. In Jesu Wort liegt die Kraft zum Gehen und Kommen. „So er spricht, so geschieht's!"

Und da, bei ihm, hört sie die ihr zugedachten und zugesprochenen Worte: „Frau, sei frei von deiner Krankheit!"

Dieser widergöttliche Geist, diese Leben raubende Macht ist entmachtet, ist besiegt und getötet, hat deshalb kein Anrecht mehr auf dein Leben. Du bist frei! Ich entbinde dich, ich löse dich, ich zertrenne die krankmachenden Fesseln. Du kannst dich auf einen ganz neuen Weg machen, aufrecht und aufrichtig; du kannst Neues wagen, neue Schritte gehen.

„Und Jesus legt die Hände auf sie!" Jesus berührt sie, legt seine segnenden, rettenden, heilenden und aufrichtenden Hände auf sie, auf ihren gekrümmten Rücken, auf ihren Buckel. Seine Hände berühren ihre Not, ihre Einsamkeit, ihre Verletzungen, ihre Schmerzen, ihr Leben so wie es ist. Jesu Leben berührt alles Erstorbene; Jesu Heil berührt alles Unheile, Jesu Ja berührt jedes Nein. Durch die Berührung geschieht Verwandlung. Seine Berührung ermöglicht das Aufrichten, ihr Aufrichten. Der Evangelist Lukas beschreibt es in seiner Begeisterung als sofortiges Geschehen. Ich denke mir, dass durch die heilsame Berührung Jesu ein wohltuender, erstaunlicher, wundersamer Prozess in Gang kommt, verankert im Vertrauen auf Jesu Wort. Es geschieht ein Umdenken zuerst, ein neues Gehen, ein wachsender Mut zu sich selber zu stehen, eigene Bedürfnisse wahrzunehmen, Ruhe und Arbeit in einem guten Maß lebend, immer wieder gefährdet, aber tief gehalten in seinem Blick und in seinem befreienden Wort verwurzelt.

Für diese Frau wird es endlich Sabbatzeit, Zeit Gott zu danken, ihn zu loben, zunehmend aufgerichtet und aufrecht, dem Leben zugewandt. Sie wird ganz Mensch, mit jedem Atemzug ein Jauchzer Gottes. Sie findet zum Sinn ihres Lebens, Gott zu loben, ihn zu ehren und ihm zu dienen aus Dank und Freude.

Natürlich löst ein solches Geschehen verschiedene Reaktionen aus: Freude und Neid, Ärger und Ablehnung. Jesus steht zu dieser Frau und entlässt sie so auf ihren neuen Weg. Die Umstehenden, Fragenden, ordnungsliebenden Kritiker, die die Not anderer übersehen, die Weggucker holt er mit hinein in das aufrichtende Geschehen und öffnet ihnen die Türe zu eigenen wahrhaftigen Schritten.

Und könnte diese Geschichte nicht auch eine Sabbat/Sonntagsgeschichte sein? Der Tag des Herrn, der Ruhe- und Feiertag Gottes, der Tag mit ihm und für ihn, das Geschenk Gottes an uns – mit ihm. Er ist verkrümmt, zertreten durch Gesetze, Verordnungen und Geldgier. Er liegt im Staub, am Boden. Auch er braucht das Wort: Steh auf! Sei heil und ganz! Werde, was du bist, ein Tag des Werdens und Seins, geborgen und gehalten und beschenkt durch das Wort und den Blick Gottes. Besungen und verkündigt in aller Welt, in eine Welt hinein, die durch Krieg und Gier am Boden liegt.

Es ist ein Ruf an uns, seine Geliebten, sein Volk und seine Gemeinde, den Tag Gottes zum Strahlen zu bringen, aufgerichtet und die Ewigkeit anzeigend.

Geistliche Übung

Ich frage mich: Gibt es in meinem Leben Erfahrungen, die mich krümmen, die Druck auf mich ausüben, die mir den Atem nehmen, mich atemlos machen?

Hat der Sabbat Raum in meinem Leben? Zeiten der Ruhe und der Erholung, der Freude und des Jauchzens? Wie gestalte ich solche Zeiten? Oder warum zerarbeite ich sie?

Kenne ich in meinem Leben den sorgsamen, herausrufenden Blick Jesu, ein Blick, der auch meine Tränen weckt?

Kann ich mich erinnern, wie und wo mich Gott bei meinem Namen rief? Vermag ich das nachzukosten?

Wo wünsche ich in mir eine Berührung durch Jesu Hände, damit die Wahrheit ans Licht kommt und Heilung geschieht?

Berührt werden von Jesus, da, wo der innere und äußere Schmerz schreit, da wo Einsamkeit drückt, da, wo die Sehnsucht unerfüllt weint, da, wo Verhärtetes mich und andere verletzt. Berührt werden von Jesus, um mich aufrichten zu können, Selbstannahme zu wagen, Neue Schritte zu gehen, Beziehung zu leben. Berührt werden von Jesus, um Heil und Heilung zu empfangen. Berührt werden von Jesus: in mir und auf mir. Berührt werden von Jesus – Evangelium für alle.

Nehme ich mir Zeit, mich im Blick Jesu zu bergen, sein Wort an mich in mir zu hören, Veränderung zu wagen? Und mit wem teile ich meine Erfahrungen?
Und wie gehe ich mit dem Tag Gottes um? Feiere ich seine Gegenwart in mir, unter uns, in dieser Welt? Helfe ich durch mein Leben, ihn neu aufzurichten?

Gebet

Mein Herr und mein Gott!
Ich kann nur staunen über deinen Weg mit mir.
Du siehst mich in der hintersten Ecke,
du siehst mich auch dann, wenn ich mich nicht mehr
sehen mag, wenn andere mich übersehen und ich
„aus den Augen, aus dem Sinn" bin.
Dein Blick stellt mich nicht bloß, er zieht mich nicht aus,
er entlarvt mich nicht vor allen.
Dein Blick hüllt mich ein und bewegt mich doch,
Er versteckt mein Leben nicht, nein er birgt mein Leben
in deiner Wahrheit.
Danke, denn dein Blick hat mir Kraft gegeben, Mut,
mich auf den Weg zu machen, für den unfassbaren
ersten Schritt.
Dein Blick hat mein Sehen angezogen,
mich zu dir gezogen.
Eigentlich weiß ich nicht mehr, wie ich zu dir kam.
Du hast mich mit deinem Herzen abgeholt.
Du hast mich zu dir gezogen aus lauter Liebe und Güte.
Danke!

*Und dann bei dir, ganz vorne, die anderen im Rücken,
nur dich im Blick, Auge in Auge, von unten zu dir hoch,
mühsam und schmerzend.
Da habe ich zum ersten Mal wieder meine verkümmerte Würde gespürt, ganz tief in mir, und meine
Sehnsucht wurde wach, wie erweckt von dir.
Dein Wort, eigens zu mir gesprochen, nur mich im Blick,
nur mich: Es hat mich berührt, nicht so sehr meinen
Buckel, nein, er war wie aus dem Blick: mein Herz,
mein Innerstes hat es berührt und Verwandlung begann.
Da hatte ich Bilder vor mir von Schuld und Unterdrückung, von Machtlosigkeit und Resignation, von
Lähmung und Wut. Alles kam in mir hoch, plötzlich
und deutlich, meine ganze Wahrheit.
Und ich spürte, dass dein Wort meine Wahrheit befreit
hin zu Vergebung, zu Loslassen, zu neuer Ordnung, zu
Sinn und Ziel. „Sei frei!" hast du mir gesagt. Das klingt
nach wie vor und jeden Tag neu in meinem Inneren.
Diesem Wort habe ich eine Lebensmelodie gegeben,
dass es mir nie mehr entschwindet.
Denn in diesem deinem Wort,
täglich innerlich gehört,
liegt die Kraft, mich aufzurichten,
jeden Tag Richtfest zu feiern,
weil du mich an der Hand nimmst
und mich ein-richtest: Gebrochenes nimmst und heilst.
Und dann die Berührung mit deinen Händen,
deine Handauflegung – sie hat so gut getan.
Deine Nähe zu spüren,
dein Für-mich-da-sein.
Und immer wieder suche ich deine Hände
im Gottesdienst,*

im Segen,
im Gebet, zugesprochen und gelebt.
Danke!
Und meine Verkrümmung? Ich weiß nicht, ich habe schon lange nicht mehr in den Spiegel geschaut. Ich weiß nicht, ob sie noch da ist.
Aber du, Jesus, in mir, du Hingerichteter, du am Kreuz Aufgerichteter, du Auferstandener, du lebst und wirkst in mir hinein in die Ewigkeit.

Lieder

- In dir ist mein Leben ...
  Du bist Herr, Band 2, S. 138
- Erhebet er sich, unser Gott ...
  Evangelisches Gesangbuch, S. 281
- Wunderbar bist du, o Gott ...
  Gemeinschaft Immanuel
- Herr, deine Gnade, sie fällt auf mein Leben ...
  Du bist Herr, Band 3, S. 90

Weine nicht!
Lukas 7,11–17

Begriffe

- Nain: Der gebräuchliche Name zur Zeit Jesu war „Na'im" (d.h. lieblich). Von Lieblichkeit ist heute nichts mehr zu entdecken. Es ist ein kleiner elender Trümmerhaufen, mit einer Kapelle als Verehrungsort des Wunders von Nain.
  Nain liegt auf der nördlichen Vorterrasse des Dahiberges, dem Bruderberg des Tabor. Die reich fließende Quelle machte schon damals das Land fruchtbar. Ölbäume und Feigenbäume prägten das Land aufs „Lieblichste."
  Nain hatte zwei Tore: eines im Westen, Wassertor genannt, weil es zur Quelle hinausging und eines im Osten. Durch dieses Osttor ging der Leichenzug des Jünglings von Nain.
- Begräbnis: fand normalerweise sofort nach dem Tode statt. Die heiße Witterung zwang dazu. Ursprünglich wurde der Tote in seinem gewöhnlichen Kleid beerdigt, besonders wenn es sich um einen Armen handelte. Die Totenbahre wurde von lärmenden Klagesängern begleitet, die den Ruhm des Toten besangen und den Verlust beklagten, dass er nun nicht mehr unter den Lebenden weilt; zu beklagen, weil deshalb der heutige Tag so ganz anders als der gestrige ist.

Am Leichenbegängnis nahm in kleinen Orten die ganze Sippe, d.h. das ganze Dorf, teil. Die Träger der Bahre wurden zweimal gewechselt, um möglichst vielen das Liebeswerk der aktiven Mitwirkung bei der Totenbestattung zu ermöglichen. Bei jedem Trägerwechsel schlugen die Klagegruppen eine höhere Tonart und ein stärkeres Forte an.

Mit den Klageliedern konnte man die Seele des Toten „festhalten", ebenso durch reichliche Einbalsamierung. Solange die Zeichen der Verwesung noch nicht zu sehen waren oder der Verwesungsgeruch noch nicht feststellbar war, glaubte man die Seele des Toten noch in der Nähe des Leichnams.

In Grabkammern wurden die Toten auf Bänke gelegt. Die Juden wurden durch „Berührung eines Grabes rituell unrein", deshalb wurden die Gräber weiß getüncht, um sie kenntlich zu machen. Aus demselben Grunde waren die Gräberstätten außerhalb der Mauern bzw. der Wohnbereiche.

Geistliche Impulse

Durch das Osttor des Städtchens Nain verlässt ein Leichenzug die Stadt Richtung Grabkammern, Richtung Osten, Richtung Sonnenaufgang, Richtung Auferstehung, Richtung Hoffnung. Eine große Menschenmenge, fast die ganze Stadt, begleitet die Bahre, auf der ein junger Mann liegt, eingehüllt in seine Alltagskleidung. Hinter der Bahre geht eine Frau, seine Mutter. Sie ist Witwe und es ist ihr einziger Sohn, den sie betrauert.

Was das bedeutet! Es ist eine Frau in großer Einsamkeit und Not: Sie hat ihren Mann verloren und jetzt ihren einzigen Sohn, zwei liebe Menschen; sie ist nun völlig schutzlos, ohne Ernährer, ohne jemand, der für sie sorgt, ohne einen Menschen. Sie hat ihre Zukunft und ihre Hoffnung verloren. Fortan gehört sie der Familie ihres verstorbenen Mannes; sie wird zur Magd, zur Hilfsarbeiterin neben den anderen Frauen, geduldet, schutzlos, um ihren Lebensunterhalt kämpfend und arbeitend, Zuwendung suchend.

Mit ihr geht eine große Menge von laut klagenden, weinenden und unruhig redenden Menschen, immer lauter werdend, je näher sie der Grabkammer kommen. „Wer ist schuld am Tod dieses jungen, hoffnungsvollen Lebens? Er oder seine Mutter?" mag mancher im Stillen, vielleicht auch voll Verachtung denken. „Ist die gestraft!" andere. Es ist ein solcher Kontrast: die Leere und Stille in der Mutter und die schreiende Menge um sie herum, die ihr Mitgehen als letzten Liebesdienst verstehen, ein gutes Werk noch. Dieser Todeszug ist ein Bild großer Hilflosigkeit und des Schmerzes; er führt die Unausweichlichkeit des Todes und die Durchkreuzungen des Lebens überdeutlich vor Augen. Vor dieser Frau steht nur noch der Tod als endlose Leere. Und er hat seine Hand bereits schon vorgestreckt und auf sie gelegt, ein Teufelskreis von Leere und Hoffnungslosigkeit, ein innerer Sarg mit einer vergrabenen Sehnsucht nach Leben und Sinn. Und dieser Zug zieht Richtung Osten, Richtung Hoffnung. Nun kommt diesem Todeszug ein ganz anderer Zug entgegen: Jesus und seine Jünger und mit ihnen eine große

Menge. Dieser Zug kommt von Osten her, vom Sonnenaufgang, von der Auferstehung, aus der Hoffnung und will durch das Osttor in die Stadt hineinziehen. Angeführt wird dieser Zug von Jesus, dem Herrn des Lebens, dem Lebendigen selbst. Diese Gruppe ist auch nicht still, sondern redend und – im Unterschied zum Todeszug – lachend, beglückt. Sie hatten gehört, wie Jesus sich heilend dem Hauptmann von Kapernaum und seinem Knecht zugewandt hat, wie er ins Leben rief. Der Todeszug begegnet dem Lebenszug, ja, er stößt auf den Lebenszug. Und dieser bleibt stehen. Der Lebenszug, Jesus, bringt den Todeszug zum Stehen. Jesus, der Herr des Lebens, der Herr über den Tod, tritt dem Tod entgegen. Es entsteht eine knisternde Spannung:
Jesus sieht die Frau. Er sieht in ihr die Mutter, den Verlust, den Schmerz, die Einsamkeit. Er sieht in ihr die hilflose Witwe, die niemanden mehr hat, der zu ihr steht, der sie beschützt, der sie ernährt und für sie sorgt. Er sieht die Not dieser Frau. Und sein Blick umfängt sie und berührt sorgsam auch das Abgestorbene in ihr. Ja, er ist ein Gott, der sie sieht, ein Gott des Sehens. Er hüllt sie ein in seinen Blick und birgt sie so in seinem Herzen. Gott sieht die, die „draußen" sind, die im Elend sind. Ihre Not schreit zu Gott, diese innere Not. Und Jesus berührt sie sorgsam mit seinem Blick. Das ist die Art von Jesus: Er sieht den Menschen ganz, in seinem Werden und Sein, in seinem Glück und in seiner Not, in seinem Heil und in seinem Unheil, in seiner Freude und in seiner Klage, die oft lautlos und stumm ist. Er sieht alles Neue und Verhärtete, er sieht den Menschen als geliebtes Geschöpf seines Vaters. Und indem er diese Frau

sieht, ansieht, schenkt er ihr Ansehen und Würde. Er holt sie aus aller Verachtung und allem Fragen nach Schuld heraus in seine Wertschätzung.

Diese Not, ja, jegliche Not, auch unsere Not, berührt das Herz Jesu. Es jammert ihn, nein sie jammert ihn, wir jammern ihn. Das ist viel mehr als Mitleid, hat mit unserem gelegentlichen Jammern nichts zu tun. Das Mitleiden Jesu nimmt der Frau ihr Leiden ab, es geht auf ihn über, in ihn hinein, in sein Herz, in sein Innerstes. Er lässt sich zutiefst davon berühren. Er teilt Not und Ohnmacht mit ihr und schließt sie und alles ein in sein Vertrauen, in seine Beziehung zum Vater. Nur dieses Mitleiden Jesu ermöglicht der Witwe das Nichtweinen: „Weine nicht! Fürchte dich nicht! Sei getrost!"

Dieses Mitleid sprengt den Teufelskreis von Tod, Trauer, Leere und Hilflosigkeit, weil Jesus mit seinem Jammer alles, wirklich alles in sein Herz hinein nimmt, mit seiner Liebe umhüllt, alles in seinem Ja birgt. Das ist Trost.

Allein dieses Mitleid hebt der in die Dunkelheit ihrer eigenen Verzweiflung Versunkenen den Kopf.

Dieses Mitleid schiebt ganz leicht den verhüllenden Schleier der Trauer auf die Seite und lässt zaghaft aufschauen.

Dieses Mitleid nimmt die Tränen auf und sammelt sie.

Dieses Mitleid umarmt diese Frau.

Dieses Mitleid streicht ihr über die eingefallenen Wangen.

„Weine nicht" erinnert an ein Wort im Buch der Offenbarung: „Und Gott wird abwischen alle Tränen von ihren Augen, und es wird kein Weinen und Klagen mehr sein. Altes vergeht – Neues wird". (Offenbarung

21, 4 und 5) Mit diesem Wort weist Jesus weit über das Geschehen vor Nain hinaus, hinein in einen neuen Himmel und eine neue Erde, eine Wirklichkeit, die jetzt schon zeichenhaft ihren Anfang nimmt.

Und erst jetzt – nachdem er sich ganz der Frau zugewandt hatte – tritt er hin und berührt fast nebenbei die Bahre. Und die Träger bleiben stehen, der Todeszug kommt an seine Grenze, der Leichenzug stößt auf den Lebenszug, der Tod wird auf seinem Weg durch das Leben durchkreuzt und entmachtet. Jesus berührt die Bahre und damit auch alles Vergangene, Endgültige, aber auch Verborgene.

Er berührt auch in mir alles Verschlossene, Weggeräumte, Erstorbene und Verdorrte, alles Vergrabene, alles was stinkt. Es ist oft so viel in unserem Leben, das einmal blühte und lebte, was Frucht bringen wollte, was Zukunftsduft trug. Und dann: ein Unfall, eine Krankheit, eine Krise, ein Verlust, ein Geschehen mit Todesgeruch, eine Lebenslüge, und das Vergangene beginnt zu sterben, allmählich oft. Zurück bleibt ein Heimweh, ein Schreien in meinem Inneren nach dem, was einmal lebte, eine Sehnsucht nach Heil und Heilung, eine Ahnung von Auferstehen und Leben.

Und da ist so vieles, das mich flach legt: Grundsätze, Festlegungen, Bindungen, Gesetze und Gebote – selbstgezimmert oder übernommen, Erwartungen und Ansprüche in mir und von anderen. „Da wird nichts mehr! Ich gebe auf! Mir hilft sowieso niemand! Mir ist nicht mehr zu helfen ..." All das bringt meine Lebendigkeit zum Erliegen, es legt mich aufs Kreuz. Und Jesus berührt auch diese Erfahrungen, indem er

dem Jüngling von Nain und auch mir befiehlt „Ich sage dir, steh auf!"
Weder ein Aufschrei, noch ein siebenmaliges Niesen des Auferweckten wie in einem ähnlichen Fall beim Propheten Elia im Alten Testament, kein wundersames Halali macht auf das Geschehen aufmerksam. Es ist ein schöpferisches Wort Gottes in einmaliger Souveränität ausgesprochen: „Ich sage dir – und kein anderer – steh auf!" Und der Tote, ja alles Tote richtet sich auf, auch die Mutter, auch die Jünger, auch die Menge. Stelle dich auf deine Füße, richte dich auf, wähle den aufrechten Gang, werde Mensch. „Lass die Toten ihre Toten begraben, du aber ..." (Lukas 9,60), wähle das Leben. Dieses Wort, an den jungen Mann gerichtet, meint uns alle, meint die Mutter in erster Linie, meint uns als Leser und Hörer:
Steh auf, stelle dich auf deine eigenen Füße! Die Bahre ist nicht der Ort deines Lebens. Richte dich auf, wage eine Lebensbewegung in die Senkrechte, lass' die Bahre hinter dir, deine Tod bringende Lebensunterlage. Steh auf und nimm deinen Weg unter die Füße, ich werde mit dir sein. Wage die Erfahrung der Auferstehung jeden Tag neu. Lebe aufgerichtet und aufrichtig, „Und wenn du durch Wasser gehst ... und durch Feuer ... ich bin mit dir" (Jesaja 43,2).
Und nun geschieht etwas Wunderbares: Der ehemals Tote steht auf, erhebt sich von der Bahre, lässt sie los und beginnt zu reden. Er spricht sich aus. Er, der stumm auf der Bahre lag, bringt sein Leben ins Wort. Er teilt sich mit. Menschwerdung geschieht vor aller Augen. Wieder wendet sich Jesus der Mutter zu und

berührt sie mit der Rückgabe ihres Sohnes. Berührt Jesus in dieser Bewegung nicht auch die Beziehung zwischen Mutter und Sohn? Schenkt er nicht durch sein Wort an den Sohn beiden neue und echte Freiheit? Führt er nicht beide in eine neu geschenkte Beziehung, die nicht lähmt und sterben lässt durch Erwartungen und Ansprüche, die zum Leben befreit? Setzt Jesus nicht in beiden die Kraft des Loslassens frei, damit sie sich auseinandersetzen und neu aufeinander zugehen können? Geschieht da nicht Entbindung, damit neues Leben wachsen kann? Mutter und Sohn, und wohl auch die Jünger und viele der Umstehenden, werden aus ihrem Tod ins Leben gerufen, auferweckt. Und wir? Auch uns gilt die Einladung, Sterbendes in uns wahrzunehmen, Bindungen anzuschauen, das Loslassen wagen, eigene Schritte zu gehen, die „Bahre" wahrzunehmen, auf der wir uns eingerichtet haben, auf der sich so gut liegen lässt, leblos zwar, aber versorgt und getragen. Diese Bahre darf ich verlassen: „Geh aus deiner vermeintlichen Heimat, geh aus deinem ‚Vaterhaus', aus allem Überlieferten und dir Anerzogenen. Steig herunter von deinen Grundsätzen. Geh los, zieh in das Land, das ich dir zeigen werde, in ein neues, weites Land, das lebendige Weite verheisst.
Ich sage dir: ‚Steh auf und geh!'"

In Jesus berührt uns Gott und bringt uns ins Leben, neu, erweckt, in ein Leben mit neuer Qualität. Es ist ein Leben, das uns eigenständig vor Gott und ins Leben stellt. Es ist ein Leben mit neuem Sinn, zukunftsträchtig, hoffnungsvoll, mit Auferstehungskraft.

Es ist ein Leben, das ihn preist und lobt, in dem er sich in mir, durch seine Berührung, verklärt. In der Berührung mit Jesus gewinnt unser Leben Ewigkeitswert, Anteil am neuen Himmel und an der neuen Erde, am Reich Gottes.

Jesus lädt uns ein, unsere Not, die uns krank macht und das Leben nimmt, nicht zu verstecken. Wir können sie ihm zeigen, alles, was in uns erstorben ist. Wir dürfen alles Vergrabene sorgfältig in unsre Hände nehmen und es ihm hinhalten. Er verbindet sich, sein Auferstehungsleben, mit meinem Leben, mit meiner Not. Ich jammere ihn, d.h. er nimmt mein Leben – so wie es ist – mit allen Grenzen und Kanten, mit allen Schmerzen und Tränen ganz in sein Leben mit hinein. Und so geschieht Auferstehung, er in mir, jetzt schon und dann einmal in Fülle und in Herrlichkeit – ganz.

So können wir sagen in Anlehnung an das Wort Jesu: Selig sind, die da Mangel und Not leiden, denn sie werden von Jesus berührt und in ein neues Leben hinein gerufen.

Geistliche Übung

In dieser Geschichte vor der Stadt Nain berühren sich auch das Alte und das Neue Testament, der alte und der neue Bund. Die Auferweckung des Jünglings zu Nain erinnert sehr an eine Begegnung des Propheten Elia (1. Könige 17,17ff). Er erweckt den einzigen jungen Sohn einer armen Witwe aus Sarepta zum Leben. Ich lese diese Geschichte aus der Frühzeit Israels nach.

Wie so oft knüpft Jesus in dem, was er tut, an Bekanntem an. Die Eliaerfahrung aus dem Alten Testament wird aufgenommen und völlig neu weitergewoben, ja überboten, denn Jesu Wort genügt. Es bewirkt Leben, es ist ein Schöpfungswort.

Ich stelle mich neben die Witwe und begebe mich in den Blick Jesu hinein. Er sieht mich in meiner Not, in meiner Sehnsucht, in meiner Hoffnung, mit allem Erstorbenen in mir, in meinen Abhängigkeiten. Er sieht mich, und ich halte seinen Blick aus. Es ist ein heilsamer, aufdeckender Blick, der belichtet und bewusst macht, der vergibt und heilt, der aufrichtet und Tränen trocknet.

Ich stelle mich neben die Bahre, ich lege mich neben den Jüngling: Auf welchem Boden liege ich, auf welchen Grundsätzen stehe ich, welche Festlegungen halten mich, welche Bindungen fesseln mich, was bringt meine Kräfte immer wieder zum Erliegen? Ich halte mein Leben – so wie es ist – Jesus hin.

Und ich höre das Wort Jesu: Steh auf! Ich versuche wahrzunehmen, was in mir geschieht. Was muss ich zurücklassen, wenn ich aufstehe und eigene Schritte wage in der Kraft des Rufes Jesu? Was muss ich lassen, wenn ich mich auf meine eigenen Füße stellen will? Was macht mir Angst? Wo spüre ich Unsicherheit und Zögern? Ich stehe langsam auf, sorgsam und klar.

Ich halte alle inneren Bewegungen Jesus hin und stelle mich in sein Vertrauen und halte mich an seinem Wort fest. Ich gehe einige Schritt achtsam auf meinen Füßen, wähle meinen Weg, lasse die Bahre hinter mir und „gehe in ein Land, das Jesus mir zeigt!"

Ich suche einen Menschen, mit dem ich meine neue Ausrichtung festmache, der mit mir betet und mich segnet für alles Neue.

Gebet mit einem Lied aus Taizé

Im Dunkel unsrer Nacht, entzünde das Feuer, das nie mehr erlischt, das niemals erlischt. Im Dunkel unserer Nacht entzünde das Feuer, das nie mehr erlischt.

Gott spricht:
In deine Leere und in deine Ohnmacht,
in das Chaos deiner Gefühle
und in die Erstarrung deines Herzens,
in dein Sterben
lege ich meine Zusage: Ich bin da bei dir ...

Im Dunkel unsrer Nacht ...

Gott spricht:
In deine Auflehnung und in deine Wut,
in deine verzweifelte Klage
und in deine Anklage gegen mich,
in dein stummes Schreien
lege ich meine Zusage: Ich bin da bei dir ...
Im Dunkel unsrer Nacht ...

Gott spricht:
In deine Selbstvorwürfe und in deine Schuldgefühle,

in den Schmerz und das Leid,
die dich lähmen,
in das Gefesselt- und Gebundensein
lege ich meine Zusagen: Ich bin da bei dir ...

Im Dunkel unsrer Nacht ...

Gott spricht:
In deine Angst vor dem Versinken im Bodenlosen,
in dein Gefühl,
verlassen und allein zu sein,
in deine Kraftlosigkeit
lege ich meine Zusage: Ich bin da bei dir ...

Im Dunkel unsrer Nacht ...

Gott spricht:
In die Finsternis deines Herzens,
das sich sehnt nach Licht,
in deine Hoffnungslosigkeit und Verzweiflung,
die sich sehnen nach einer ausgestreckten Hand,
in deiner Schutzlosigkeit,
die sich sehnt nach einem bergenden Blick,
in deine Wortlosigkeit,
die sich sehnt nach deinem Wort
lege ich meine Zusage: Ich bin da bei dir ...

Ja, ich bin bei dir und bleibe bei dir,
das ist mein Name und meine Wirklichkeit auf ewig.

Im Dunkel unsrer Nacht ...

Lieder

- Im Dunkel unsrer Nacht ...
  „Gesänge aus Taizé"
- Sei Lob und Ehr dem höchsten Gut ...
  Evangelisches Gesangbuch, S. 326
- Lass uns in deinem Namen, Herr ...
  Evangelisches Gesangbuch, S. 634
- Licht bricht durch in die Dunkelheit ...
  Singt von Jesus, Band 3, S. 176
- Du gibst das Leben, das sich wirklich lohnt ...
  Jesus Name nie verklinget, Band 3, S. 700

Mein Leben preist die Größe des Herrn
Lukas 1,26-56

Vorbereitung

Ich setze mich aufrecht und bequem hin,
nehme meinen Geist wahr,
meine Seele und ihre Bewegungen,
meinen Leib: Wie ist er jetzt da?
Mein Leib – Ort der Gegenwart Gottes,
ein Tempel – wie der Apostel Paulus schreibt.
Ich öffne meinen Leib, so wie er da ist,
meinen gottesdienstlichen Raum,
öffne meine Hände, meinen Geist
für IHN, meinen Gott und Herrn:

*Mein Leib ist der Raum Deines Wirkens,
Deiner Gegenwart.
Ich bete Dich an und preise Deine Größe
in Deiner Demut.
Ich bete Dich an und preise Deine Gegenwärtigkeit
in all meinen Gliedern.
Ich bete Dich an und wage Begegnung mit Dir
in meinem Körper, in meiner Seele, in meinem Geist.
Du berührst mich durch meinen Leib, sei er gesund oder
krank, krumm oder gerade, schmerzhaft oder lebendig.
Und ich berühre Dich, Gott, in und mit meinem Leib.
Mein Leben preist Dich in allem und durch alles.*

Ich bleibe in Ruhe sitzen und lasse meinem Körper Zeit, Gott zu loben, Ihn anzubeten, vor Ihm da zu sein, damit Er wirken, mich durchdringen, heilen und aufrichten kann, damit Er sich in meinem Leib verklären kann.

Ich beende meine Gebetszeit, die Gebetszeit meines Leibes.

Dankbar und sorgsam wende ich mich erneut meinem Leib zu, dem gottesdienstlichen Raum, und salbe ihn mit einer feinen Lotion.

Personen

- Mit Maria und Elisabeth begegnen sich zwei Stamm-Mütter, die Israels Geschichte in ihrer je eigenen und besonderen Weise fortschreiben werden. Sie weisen in ihrem Glauben und Handeln weit über sich selbst hinaus.
Auch am Anfang des ersten Testamentes steht ein Glaubenszeuge, der sich in großer Offenheit auf einen lebendigen, noch unbekannten Gott einlässt. Auch bei ihm, Abraham, tritt Gott überraschend in den Alltag ein und ruft zum Aufbruch (1 Mose 12); damit beginnt eine neue Geschichte Gottes, in die auch wir – viel später – eingewoben worden sind. In Abraham, Maria und Elisabeth begegnen wir einem dynamischen Glauben, einem festen Vertrauen auf

Gott, der mit uns einen Weg beginnt und mit uns unterwegs bleibt, zugewandt und wertschätzend, erfüllend und in Krisen begleitend.
- In Abraham erzählt das Volk Israel seine eigene Glaubensgeschichte: sein vertrauensvolles Ja zu einem stets herausrufenden Gott, seine Versuchungen, sein Stolpern, seine Ablehnung und sein Zweifel, sein Murren und Hoffen: alle Neuanfänge in der Geborgenheit des ewigen „Ja" Gottes.
- In Maria begegnen wir denjenigen Menschen, die vertrauend glauben, die sich hingeben mit Haut und Haar und ihre Erfüllung finden in Jesus Christus, im Ja und Amen Gottes. Maria steht am Anfang des zweiten Testamentes, am Beginn unserer Glaubensgeschichte, die verwurzelt ist in der Heilsgeschichte Gottes mit seinem auserwählten Volk.
- Wie wir von Abraham sagen dürfen: Abraham awinu (unser Vater), so dürfen wir von Maria sagen: Mirjam immenu (unsere Mutter).

Geistliche Impulse

„Mein Leben macht den Herrn groß,
und mein Geist jubelt über Gott, meinen Retter!"

Rettung ist im biblischen Zusammenhang immer eine Erfahrung, die sich durch Gottes Eingreifen in auswegloser Not ereignet. In diesem Geschehen begegnen und berühren sich Retter und Gerettete. Und dabei

bricht eine neue Zukunft an, beginnt ein gemeinsamer Weg, entwickelt sich eine Liebesgeschichte.
Mose besingt dieses Geschehen nach dem Durchzug durchs Schilfmeer: „Meine Stärke und mein Lied ist der Herr, er ist für mich zum Retter geworden." (2 Mose 15,2)
Josef wird – in seiner wahrhaft bedrängenden und notvollen Situation – durch einen Engel im Traum offenbart, dass Marias Kind der Retter sein wird für sein Volk. (Matthäus 1,21)
Und die Engel rufen den Hirten auf dem Feld zu: „Heute ist euch allen der Retter geboren, Christus der Herr!" (Lukas 2,11)
Jesus selbst, der Retter, ergreift die Hand des in der Angst versinkenden Petrus, rettet ihn aus seinem Elend und schenkt ihm seine Nähe, indem er zu ihm ins Boot, in seine Lebenswirklichkeit steigt. (Matthäus 14,31 f)
Immer wieder besingen Menschen das rettende Handeln Gottes:

„Wer ist wie der Herr, unser Gott,
im Himmel und auf Erden?
Der oben thront in der Höhe,
der hernieder schaut in die Tiefe,
der den Geringen aufrichtet aus dem Staube
und erhöht den Armen aus dem Schmutz"
(Psalm 113,5-7).

„Du bist ein Gott, der mich sieht." So beschreibt die in die Wüste geschickte Hagar die Erfahrung mit dem ihr noch unbekannten Gott (1 Mose 16,13). Gott schenkt Ansehen und damit Wertschätzung. Indem Er sie ansieht, erhebt er die Niedrige, die Unbedeutende und Übersehene aus dem Staub und erhöht sie. Das ist die Erfahrung von Rettung und Befreiung im Leben von Maria.

So hat Gott gehandelt an seinem Diener Israel und zuvor schon an seinen Vätern, Abraham und seinen Nachkommen bis in Ewigkeit.

Was Gott im ersten Bund an seinem Volk tut, das nimmt er in Jesus auf und entfaltet es in die ganze Welt hinein. Jesus sieht die von ihrem Lebensalltag und ihren inneren Festlegungen gekrümmte Frau (Lukas 13,10ff). Indem er ihr Ansehen und Würde gibt, ja Befreiung und Heilung, kann sie sich aufrichten und neu Gott, den Retter, loben und preisen – wie Maria, als Tochter und Nachkomme Abrahams.

Von Jesus gesehen zu werden, durch ihn Ansehen zu gewinnen, das bedeutet auch, in der eigenen Identität wieder hergestellt und eingefügt zu werden in das Volk Gottes, in die Gemeinde der Lobenden.

Jesus sieht den Zöllner Zachäus (Lukas 19,1-10), der sich in seinem Leben völlig verstiegen hat. Durch unsaubere Machenschaften war er verstrickt in Lügen und Betrügereien. Jesus sieht ihn auf seinem Baum, in seinem Elend und schenkt ihm Ansehen, indem er sich in sein Haus, in sein Leben einlädt.

Und siehe da: Es geschieht Rettung! Und Zachäus reiht sich als Sohn Abrahams ein in die Glaubensgeschichte Israels. Er, der Außenseiter, Abgelehnte, Ausgesiedelte, wird Leibeigener Jesu. Er findet seine Heimat.

Geistliche Übungen

Ich erinnere mich an Gottes Eintreten in mein Leben:
Wo war es? Wann und wie ist es geschehen?
„Ich trat bei dir ein, ehe ich dich im Mutterleib bereitete. Ich schaute dich, bevor du geboren wurdest."
(Jeremia 1,5)
Gott trat in mein Leben ein und begann seine Liebesgeschichte mit mir längst bevor meine Eltern sich für ein Kind entschieden hatten.
Ich erinnere Gottes Liebesgeschichte mit mir und schreibe einen, ja meinen Lobgesang:
„Mein Leben preist die Größe des Herrn,
und mein Geist jubelt über Gott, meinen Heiland,
denn er hat …" – Und ich ergänze, wie ich Sein Handeln in meinem Leben erfahren habe.

Ich lese Lukas 1,26–38 laut, langsam und mehrmals durch.
Ich nehme mir Zeit, den Text abzuschreiben.
Immer mehr achte ich auf jedes einzelne Wort und vor allem auch auf Wörter, die wiederholt vorkommen.
Was sagt mit der Text von Gott?
Was sagt der Text über Maria und die Menschen?
Was sagt der Text mir?
Ich bewege den Text in mir hin und her bis ich entdecke, was Gott mir durch Sein Wort sagen will.
Welches Wort, welcher Satz berührt mich, spricht mich besonders an?
Wo bleibe ich hängen?

Welche Fragen stellt mir der Text?
Was sagt mir der Text hier und heute, in meiner je eigenen Situation, in meinem „Nazareth"?
Ich notiere mir in einem Satz, in einer „Schlagzeile", was mich berührt.
Zu welchem persönlichen Gebet verlockt mich dieser Text?
Ist es Lob, Dank, Bitte oder Klage, Auflehnung oder Reue?
Und ich nehme die „Schlagzeile" mit in den Tag hinein, horche immer wieder hin, horche es aus, nehme es mit allen Sinnen wahr, käue es wieder, schmecke es und schaue es an ...
„Ja, mein Leben preist die Größe des Herrn,
und mein Geist freuet sich Gottes, meines Heilandes."

Über das Gebet

Geistliche Gemeinschaften singen und beten in der Regel jeden Abend das Leben Jesu, wie es in diesem Psalm Marias aufscheint. Kein Tag vergeht ohne dieses alles umfangende Lob Gottes.
Und wie auch immer der Tag war, mit all seinen Höhen und Tiefen, mit seinen Fehlern und allem Gelingen, mit seinen schwierigen und scheinbar aussichtslosen Situationen; er findet sein Ende im Lob Gottes, dem Magnifikat oder – etwas später am Abend beim Nachtgebet – im Lobgesang des Simeon. In allem, was unseren Alltag bestimmt, soll deutlich werden, dass

unsere Belastungen nicht das letzte Wort haben und unseren Schlaf nicht beschatten dürfen. Am Beginn der Nacht steht der Dank für alles, was geschehen ist, für Gottes erkennbares und verborgenes Wirken.

Im Magnifikat besingen wir eine Hoffnung wider alle Hoffnungslosigkeit, eine Zukunft wider alle sogenannte Wirklichkeit. Im Magnifikat stellt sich die gesamte Kirche mit Maria vor den Herrn unseres Lebens, um ihn allein zu loben: mitten in allen Ereignissen des Tages, in Freud und Schrecken, in Licht und Dunkel, voller Begeisterung und vor dem Abgrund, voll Leben und im Angesicht des Todes – vertrauensvoll oder Vertrauen wagend, um sich Gott zu öffnen, ihn Wohnung nehmen zu lassen, ihn Mensch werden zu lassen in und durch uns.

Wir alle, die wir diesen Lobgesang beten, werden dadurch hinein genommen in das umstürzende Handeln Gottes, in die Umkehrung bestehender und Leben raubender, Menschen verachtender Verhältnisse, aus denen er rettet und befreit.

Wie viele Juden und Christen haben mit diesem Psalm den Herausforderungen ihres Alltags getrotzt: bedrückt durch eine fremde Macht, erniedrigt in Armut, als Asylanten und Flüchtlinge, gefesselt und unfrei, mitten in innergemeindlichen Schwierigkeiten. Die Vielen vor uns haben Hoffnungszeichen wahrgenommen und selbst gesetzt, einander ermutigt und zum Lachen verlockt!

Das Magnifikat ist ein zutiefst prophetisches Lied, ein Psalm, der uns ganz nah an Gottes Herz bringt und Sein Reich anbrechen lässt.

Bildnachweis

Titelbild
und S. 9: Thomas Schmid, Linienspiel, 2010,
Acryl-Mischtechnik, 18,5 × 26,5 cm
S. 21: Thomas Schmid, ohne Titel, 2010,
Acryl-Mischtechnik, 40 × 50 cm
S. 35: Thomas Schmid, ohne Titel, 2010,
Acryl-Mischtechnik, 18,5 × 26,5 cm
S. 48: Thomas Schmid, ohne Titel, 2010,
Acryl-Mischtechnik, 18,5 × 26,5 cm
S. 57: Thomas Schmid, ohne Titel, 2010,
Acryl-Mischtechnik, 60 × 80 cm
S. 71: Thomas Schmid, Blaue Passion II, 2009,
Acryl-Mischtechnik, 18,5 × 26,5 cm
S. 85: Thomas Schmid, Kreuz auf Rot, 2009,
Acryl-Mischtechnik, 18,5 × 26,5 cm